Töpfern

Schritt für Schritt

Jolyon Hofsted
Eine vollständige
Einführung

Hörnemann

Entwurf: William and Shirley Sayles
Deutsche Bearbeitung: Rolf Bünermann
und Klaus Büser
Originaltitel: Ceramics
Originalverlag: Western Publishing Company Inc., Racine, Wisconsin
Ins Deutsche übersetzt von Armin Bella

4. Auflage 1980
© 1967 by Western Publishing Company Inc., Racine, Wisconsin
Alle deutschen Rechte beim Hörnemann Verlag, Bonn-Röttgen 1975
Gesamtherstellung Mohndruck Graphische Betriebe GmbH, Gütersloh
Printed in Germany
Buchnummer 239/03010
ISBN 3-87384-310-2

Einband unter Verwendung eines Motivs aus »Raku« von Tyler/Hirsch:
Teeschale in Orange von Richard Hirsch

Inhalt

Einleitung

Das Interesse am Kunsthandwerk wächst, und vor allem das Töpfern erfreut sich immer größerer Beliebtheit. Unser Zeitalter der Massenproduktion und der Standardisierung weckt das Bedürfnis nach dem individuellen, menschlichen Ausdruck. Ton als Material wird beim Bau unserer monotonen Hochhäuser und Wolkenkratzer verarbeitet, er wird bei Installationen und Elektro-Isolierungen benutzt, aber er liefert auch den Rohstoff für anspruchsvolle kulturelle Produkte: Schalen, Vasen, Wandkacheln oder Skulpturen. Ton – dieses einfache, billige Material, nur ein wenig verfeinert und mit Wasser vermengt –, damit rüstet unsere komplizierte Technik die modernen Großstädte aus. Aber was faszinierend daran ist, es lassen sich mit dem Ton genauso einfach schöne Dinge herstellen, die mitunter höchsten künstlerischen Rang beanspruchen.

Das Töpfern ist eines der ältesten Handwerke aus vorhistorischen Zeiten. Ursprünglich fertigte man die Gefäße mit freier Hand oder preßte sie in primitive Formen und ließ sie dann an der Sonne trocknen. Man fand auch Mittel, um die Töpfe abzudichten und ihre Porosität zu verringern. Als man das Feuer entdeckte, merkte man, daß die Tongefäße, der Glut ausgesetzt, weniger zerbrechlich und dadurch auch hitzebeständiger wurden. Töpferscheibe und Brennofen waren die Ergebnisse konsequenter Weiterentwicklung, und abgesehen von deren

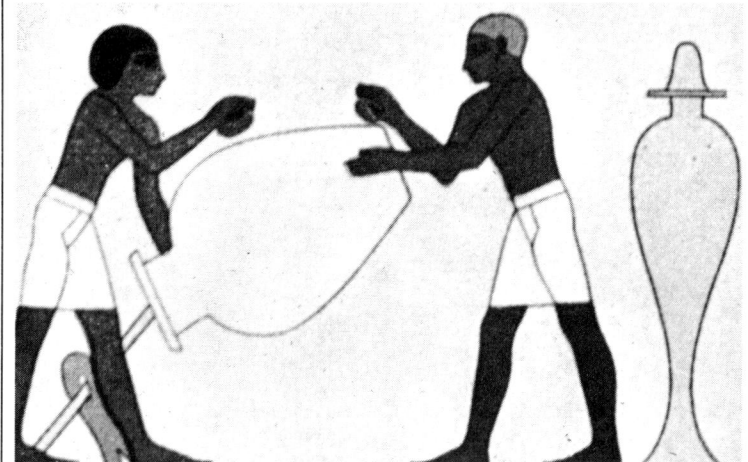

Ausschnitt aus einer Wandmalerei, die Herstellung einer Vase darstellend. Grab des Rhekmara, um 1475 v. Chr. Brooklyn Museum und Bettmann Archiv.

Frühe ägyptische Vase, ein Beispiel des überzeitlichen Charakters der Töpferkunst.

technischer Vervoll-
kommnung und von
Fortschritten in der
Anwendung der Glasuren
haben sich die Methoden des
Töpferns während der
vergangenen sechstausend
Jahre kaum verändert.
Demgegenüber sind Stil und
Form des Töpferns immer
variabel geblieben. Bei der
frühesten Töpferware aus Ost
und West handelt es sich
meist um Gefäße aus
grobem, unreinem, rauh
strukturiertem, gelegentlich
auch mit Malerei dekoriertem
Ton. Als man die Glasur
entdeckte, wurden die
Dekorationsmöglichkeiten
vielfältiger. In der Antike
erreichte die Töpferkunst
einen Höhepunkt mit den
attischen Vasen, die in Athen
und Umgebung entstanden.

Abb. rechts oben:
Frühzeitliche chinesische
Vase, unglasiert, mit Engobe
dekoriert.
Brooklyn Museum.

Abb. rechts:
Indianischer Krug, unglasiert,
mit Engobe dekoriert, aus
Chaco, Neu-Mexiko,
900–1400 n. Chr.

Abb. links:
Attische schwarzfigurige
Amphore, um 530 v. Chr.
Eingravierter Dekor mit
roten und weißen
Farbtupfern.
Eugene Schaefer Collection,
Newark Museum.

Diese keramischen Meisterwerke sind das Ergebnis inspirierter Zusammenarbeit zwischen Töpfer und Maler. Hier entstanden jene kraftvollen Figurendarstellungen, die seit der vorperikleischen Zeit bis über Picasso hinaus die Kunst der westlichen Hemisphäre maßgeblich beeinflußt haben. Einen zweiten Höhepunkt fand die Keramik in den kunstvoll geformten Porzellanfiguren des achtzehnten Jahrhunderts in Europa. Diesmal schufen Künstler aus West und Ost gemeinsam für die Fürstenhöfe Europas. Aber obschon die östlichen Meister nach wie vor Ausgezeichnetes leisteten, geriet die Keramik – ähnlich der Gesellschaft, der sie entsprang – aus ihrem Gefüge.

Im Industriezeitalter wurde das Töpfern zur Industrie. Was etwa um die Mitte des vorigen Jahrhunderts an Töpferware auf den Markt kam, zeigte überladene, kraftlose Dekormalerei (z. B. Darstellungen von Segelschiffen, Flora und Fauna) ohne nennenswerten ästhetischen Charakter. Zuerst waren es die Künstler, die gegen diese Entwertung eines ehemals hochstehenden Handwerks rebellierten. Sie übernahmen selbst das Dekorieren der Töpfe, und späterhin töpferten sie auch.

Gegen Ende des Jahrhunderts bildeten sich Vereinigungen zur Förderung des Kunsthandwerks, und zu diesem Zeitpunkt war das Töpfern bereits populär unter den Künstlern geworden, die nun ihren Blick folgerichtig nach Osten wendeten. Nach dem Ersten Weltkrieg bemühte man sich in den Pionierkreisen des *Bauhauses* wieder um die einfache, schlichte Kunst des Töpferns.

Das Ergebnis war die Entwicklung von Töpferwaren, deren Form und Ausführung an die Tradition anknüpfte und die trotz allem funktionsgerecht waren. Man bediente sich dabei einer einfachen Technik, die an die Uranfänge des Töpferns erinnert. Solchen Versuchen ist es zu verdanken, daß die Keramik durch die Neuorientierung ihrer Ziele einen Aufschwung erlebte.

Salzglasierte Kruke aus Steinzeug, hergestellt bei Edmands und Co., Massachusetts, um 1850–1868.

Abb. links:
Unglasierte Flasche, mit Engobe dekoriert, aus Nazca, Peru. Brooklyn Museum.

Mehrfarbiger Delfter Teller,
etwa 1700. Typisch für eine
Zeit, die überwiegend den
Dekor bevorzugte.
Brooklyn Museum.

Nichts kommt unserem zeitgenössischen Geschmack so sehr entgegen wie die Ästhetik der einfachen Volkstöpferei. Moderne Keramiker, geschult am Beispiel der Vergangenheit, greifen mit Vorliebe zu Tonsorten mit ausgeprägter Struktur, die als Material schon dekorativ genug sind und keiner Glasur oder anderer Dekormittel mehr bedürfen. Abgesehen von einer Reihe avant-gardistischer Keramiker, die – um sensationeller keramischer Pop-Effekte willen – wieder zu Lüster- und ähnlichen Glasuren neigen, wendet sich das Interesse vom Dekor fort und hin zur Erforschung, zur Aufdeckung der fundamentalen Eigenschaften von Ton und Glasur.

Eine andere Strömung der modernen Keramik strebt das Unikat, das einzigartige Objekt, an. Obzwar viele bedeutende Töpfer noch Waren in Serien produzieren, wird immer deutlicher, daß handgefertigte Keramik zum Zweckgebrauch anachronistisch ist. Die Massenproduktion mit neuen Industriematerialien bietet dem Konsumenten eine Vielfalt attraktiver und dazu noch erschwinglicher Gebrauchsware an: Wie soll der Töpfer hiermit konkurrieren? Ob es ihm willkommen ist oder nicht, jedenfalls sieht er sich heute vom Druck der Serien-produktion befreit. Er kann sein Talent auf vielfältige Art und Weise ausschöpfen. Seine Möglichkeiten sind unbegrenzt und reichen von ausdrucksstarken Einzelstücken wie Schüsseln oder Krüge über breitflächige Wandkeramik bis zu abstrakten Bildformen. Unser Buch ist jedoch für

den Anfänger gedacht und möchte ihm Vorschläge machen, Entwürfe anbieten, wie er sich das Gebiet der Keramik erarbeiten kann: von der kleinen Kachel bis zur großen Gartenvase. Er lernt die wesentlichen Fachausdrücke kennen und erfährt etwas von der Aufbautechnik und der Arbeit an der Drehscheibe.

Dies geschieht nicht mit der Absicht, ihn zum Berufstöpfer auszubilden, sondern will nur zeigen, wie man mit Ton hantieren kann und welche Ausdrucks-möglichkeiten sich dabei bieten. Denn für den Amateur wie für den Fachmann bedeutet Töpfern »Ausdruck« – Ausdrucks-möglichkeit mittels der Hände. Und dies mit einem nicht allzu teuren Material.

Viktorianische Kanne aus Irdenware mit Reliefmuster, hergestellt von E. & W. Bennett, Baltimore, 1832. Brooklyn Museum.

Jugendstilvase aus Irdenware
in »Gurkengrün«,
Höhe 20 cm,
hergestellt von Grueby
Faience Co., Boston, 1897.
Brooklyn Museum.

Moderne Keramik von
Toshiko Takaezu. Teller und
Gefäße mit einfachem
Pinseldekor.

Aus Wulst- und
Plattentechnik aufgebaute
Teekannen von James Leedy.

Das Ungewöhnliche dieser
Formen kennzeichnet den
Protest gegen die
Massenfabrikation.

15

Die Grundlage

Die Platte

Bei der Plattentechnik handelt es sich um das Werken mit einer Platte aus Ton. Man bearbeitet einen Tonballen oder eine Tonkugel mittels eines Rundholzes oder Nudelholzes zu einer Plattenfläche, die zu ebenmäßiger Dicke ausgerollt und dann auf gerade Ränder getrimmt wird. Manches Stück moderner Keramik, das man in Schaufenstern oder in Ausstellungen sieht, ist aus solchen zusammengefügten Platten zustande gekommen.

Diese Technik – mit der Wulsttechnik zusammen – bildet die Basis unserer Vorschläge und Entwürfe. Beim Arbeiten mit Platten (S. 49–67) wird man feststellen, daß nicht nur geometrische Formen möglich sind, sondern auch freie Formen wie etwa die hier abgebildete Vase. Dieses Gefäß entstand aus sechs Platten – zwei für den Bodenteil, zwei für die Wandung und zwei für die Henkel.

Aus Platten aufgebauter Topf von Beverly Aldrich.

Wülste

Das Töpfern mit Wülsten reicht bis in die graue Vorzeit zurück, und aus dieser Technik hat sich die Arbeit an der Drehscheibe entwickelt. Der Ton wird mit den Händen zu langen Wülsten ausgerollt, die kreisförmig aufeinander-geschichtet und miteinander verbunden werden, bis eine Gefäßform zustande kommt. Auf der unteren Abbildung haben die Wülste etwa ein Viertel der Gefäßhöhe erreicht. Die aufgebaute Vase wurde annähernd ein Meter hoch. Als Arbeitsdauer war etwa eine Stunde erforderlich. Auch der Anfänger kann es in dieser Zeitspanne schaffen. Mit Ausnahme des hier abgebildeten Topfes sind unsere Entwürfe (S. 69–79) jedoch bescheidener im Ausmaß, da die jeweilig zur Verfügung stehende Ofengröße berücksichtigt werden muß.

Platten und Wülste

Da es sich bei der sog. Aufbautechnik meist entweder um die Plattentechnik oder um die Wulsttechnik handelt, sollte gleich betont werden, wie gut sich die beiden Methoden kombinieren lassen. Unser Beispiel zeigt anschaulich Bestandteile und Ergebnis dieser Kombination. Auf der oberen Fotografie sieht man links einen handgeschnitzten Gipsstempel zum Dekorieren des Gefäßes. Der Topf selbst entstand aus Platten, die

Wülste wurden zum Dekorieren verwandt und als Material für den Stempel. Sobald man erst ein wenig vom Drehen versteht, kann man einem aus Platten hergestellten Topf eine gedrehte Tülle hinzufügen oder einem gedrehten Topf Henkel mittels der Plattentechnik, ganz nach Belieben. Es gibt ungezählte Möglichkeiten. Beispiele für die Kombinationstechnik S. 85ff.

Kleine Vase von R. L. Rosenbaum.

Vom Verfasser mit Wülsten aufgebauter Topf, ungebrannt.

Das Drehen

Wenn man einem routinierten Töpfer zuschaut, wie er eine Tonkugel auf die rotierende Drehscheibe wirft und das geschmeidige Material mit wenigen Griffen unter Kontrolle bekommt, daß es buchstäblich zu einer voll aufblühenden Form emporwächst, ist das Erlebnis immer aufregend und ein wenig Staunen erregend. Je mehr man vom Töpfern versteht, um so stärker wird auch der Wunsch zu drehen. Das Drehen erzeugt Formen auf sehr schnelle Weise, die sich bei einiger Erfahrung in Serien herstellen lassen – das ist sein Hauptvorteil. Die Abbildungen auf S. 101 ff. zeigen diese anspruchsvolle Technik in ihren Grundstufen.

Kasserolle,
gedreht von Karen Karnes.

Kachelaufsatz aus der Preßform,
vom Verfasser.

Einpressen

Man kann auf verschiedene Weise mit Einpreßformen töpfern, und zwar um Schalen oder Becher in Serien herzustellen, aber auch Flachformen mit reichstrukturiertem Oberflächendekor wie den nebenstehenden Kachelaufsatz. Am ehesten bietet sich folgende Einpreßmethode an, wobei man eine Platte aus Ton über eine Gipsform breitet und aufpreßt. (Siehe auch S. 79 ff.) Zunächst wird der überschüssige Ton abgetrennt, dann die Oberfläche geglättet und schließlich die fertige Tonform hochgehoben. Eine Preßform – wie für die abgebildete Untersatzplatte – wird aus einer harten Gipsplatte herausgeschnitzt. Auch in Serien hergestellte Einpreßformen lassen sich immer wieder aufs neue individuell abwandeln, je nachdem ob man sie mit Henkeln oder mit Füßen, mit Strukturen oder Glasuren ausstattet.

Formen mit Sand

Eine andere reizvolle Technik ist das Sandformen. (Siehe S. 96/97.) Damit gewinnt man große, kräftig strukturierte Stücke wie etwa die hier abgebildete Gartenvase, die sich zu mehreren Exemplaren nacheinander anfertigen läßt. Derartige oder auch ähnliche Gefäße stellt man her, indem man aus feuchtem Sand eine Hälfte der gewünschten Form, also »die« Hälfte, aufbaut. Dann wird mit einem stumpfen Holzende oder dergleichen die

Oberfläche strukturiert. Anschließend werden Gipslagen über die Sandform gegossen, und der Gips muß hart werden. Nun wird in die fertige Gipsschale eine Platte Ton eingepreßt. Sobald der Ton einigermaßen trocken geworden ist, so daß er seine Form behält, wiederholt man den Vorgang, um die andere Topfhälfte herzustellen. Schließlich werden beide Hälften an den Rändern eingekerbt und, mit Schlicker, d. h. beinahe flüssigem Ton versehen, gegeneinander-gepreßt.

Abb. rechts:
Sandgußtechnik und
Gräsertopf.

Die Struktur

Hat man den Topf in seiner Grundform fertig – aus Platten, Wülsten, von der Drehscheibe, aus der Preßform oder irgendeiner Kombination dieser Techniken –, kann man ihn auf zweierlei Weise dekorieren bzw. zur vollendeten Ausführung bringen. Entweder versieht man die Oberfläche mit einer Struktur, oder der Topf bekommt – ganz oder teilweise – eine Glasur. »Strukturieren« ist ein Sammelbegriff für alle Vorgänge, mit denen man die Gefäßoberfläche gestaltet. Hierzu gehören Schnitz- und Kratzarbeiten, Stempeln, aber auch die Verwendung von Wülsten oder Tonstückchen. Als Werkzeug kommt alles in Betracht, was hierbei nützlich sein kann, vom offiziellen Sgraffito-Griffel bis zum Bleistift, bis zu Eisennägeln oder gar den eigenen Händen. Selbst einfachste Methoden des Töpferns wie die der Daumenschälchen-Technik bekommen durch das Strukturieren ihren Sinn. Wie aus den Abbildungen ersichtlich, kann die Struktur eine Form betonen und hervorheben, aber auch beherrschen.

Umlaufendes, eingeschnitztes Design verstärkt den strukturellen Akzent.
Vase von C. H. Brown.

Grobschamottierter Ton ohne Glasur kann strukturell interessant wirken.
Vase von Robert Winokur.

Dieses Gefäß in der
Plattentechnik zeigt eine
reizvoll strukturelle
Aufgliederung.
Vase von Louis B. Raynor.
Smithsonian Institute.

Struktur durch Kneif- und
Drucktechnik. Deckelvase aus
Steinzeug, Höhe 22 cm,
von Marlis Schratter.

Abb. rechts:
Grobstrukturiertes Steinzeug mit weißer Engobe und eingeschnitztem Muster. Von Sophia und John Fenton.

Abb. unten links:
Vase, zum Teil glasiert, mit Stempelmuster.
Von Robert Winokur.

Abb. unten rechts:
Vase mit Dekor aus zusätzlich hinzugefügten Tonstücken.
Von Gertrud Englander.

Teekanne aus Steinzeug,
gedreht und teils glasiert.
Von Karen Karnes.

Aufgebaute Vase aus
Grobschamotte mit
Pinseldekor.
Von Sophia und John
Fenton.

Der Ton

Ton, das Rohmaterial des Töpfers, ist in reichlichen Mengen vorhanden und nicht teuer. Überall auf der Erde befinden sich Tonlager, die aber weniger für Töpfereien als für industrielle Zwecke ausgebeutet werden. Meist ist der Ton beim Abbau voller Unreinheiten und mit Gestein, Kieseln oder Sand durchsetzt. Deshalb braucht er eine Vorbehandlung, ehe er von der Industrie oder vom Töpfer verwendet werden kann. Mancher Berufstöpfer sucht sich mit Vorliebe seinen eigenen Ton, aber da dies viel Zeit beansprucht und überall vom Großhandel gute und preiswerte Mengen zu beziehen sind, werden wir uns auf einige zusammenfassende Erklärungen beschränken. Was ist Ton? Entstanden ist er aus einem granitartigen Felsgestein, das über Jahrmillionen einem Verwitterungsprozeß ausgesetzt war. Er besteht aus winzigen Partikeln und findet sich oft in der Nähe des Muttergesteins als sogenannter Primärton. Ist er aber von den höheren Felsformationen hinuntergespült und fortgeschwemmt worden, bezeichnet man ihn als Sekundärton. Für den Töpfer ist die Plastizität oder Bearbeitungsfähigkeit des Tons von erstrangiger Bedeutung, die Plastizität des einzelnen Tonpartikelchens hängt wiederum weitgehend von seiner Feinheit ab. Da die Partikel des Sekundärtons ursprünglich leichter waren als die des Primärtons, so daß sie vom Wasser weggeschwemmt wurden, ist der Sekundärton feiner und deshalb plastischer als der Primärton, weshalb der Töpfer es vorwiegend mit Tonmassen aus Sekundärton zu tun hat.

Ehe wir uns die verschiedenen Sekundärtonsorten ansehen, wollen wir einen kurzen Blick auf einen wichtigen Vorgang beim Töpfern tun – auf den Brennvorgang. Sobald der Topf fertig dasteht, muß er so lange trocknen, bis alle Feuchtigkeit aus dem Ton verschwunden ist. Dann wird der Topf in einen Ofen gestellt, der auf 650 Grad, aber auch bis zu 1400 Grad aufgeheizt wird. Das hängt jeweils von der Tonmasse, um die es sich handelt, ab. Diesen Vorgang nennt man Brennen, und dabei gehen die chemischen Elemente, aus denen sich der Ton zusammensetzt, eine Verbindung ein. Auch die Farbe des Tons verändert sich dabei, denn das stumpfe Grau etwa, das man bei der Arbeit kennenlernt, wird im Ofen zu einem warmen, ansprechenden weißlichen Braungelb, Braun oder Dunkelrot. Gebrannter Ton hat immer eine rauhe Oberfläche. Der Glanz auf einem Gefäß rührt von der Glasur her, aber davon wird später die Rede sein.

Von den Sekundärtonsorten werden hauptsächlich folgende benutzt: Kaoline, der englische »Ball Clay«, »Fire Clay«, Steinzeugtone und Tone für Irdenware. Sehr beliebt sind heute die Steinzeugtone, die meist beim Brand eine hellgraue Färbung annehmen und bei einer Temperatur von 1250–1480 Grad gar brennen. Diese Tonart ist hart und glasartig, sehr hitzebeständig und widerstandsfähig und deshalb gut geeignet für Tafelgeschirr.

Kaolin

Das Sekundärkaolin ist ein natürlicher Ton, der sich in der Hauptsache aus Kieselerde und Tonerde zusammensetzt. Kaolin liefert das Material für feinste weißbrennende Ware. Es ist in sehr hohem Maße hitzebeständig.

Ball Clay

Ball Clay ähnelt in seiner chemischen Zusammensetzung dem Kaolin, ist aber feiner und plastischer. Dieser Ton wird in England gewonnen, wo er seinerzeit als Kugeln (ball) auf Pferderücken transportiert wurde. Beim Brand wird Ball Clay annähernd weißfarben.

Fire Clay

Auch Fire Clay wird in England abgebaut, ähnelt ebenfalls dem Kaolin in seiner chemischen Struktur, enthält jedoch mehr Eisen, wodurch der Ton beim Brand bräunlicher wird. Durch seine Hitzebeständigkeit eignet er sich als feuerfester Ziegel wie auch zum Ausmauern des Ofeninneren.

Abb. links:
Vasen aus Irdenware, die hintere mit Sgraffito-Technik.
Von Nancy Boyd.

Steinzeugton

ist ein Gemisch aus mehreren natürlichen Tonsorten mit einem bestimmten Zusatz von Tonerde und Kieselerde, um die erforderliche Plastizität, Färbung und Brennhöhe zu garantieren. Beim Brand wird Steinzeugton hart, glasartig und wasserdicht, auch ohne Glasur. Meist bekommt er eine hellgraue Färbung, kann aber auch braun und sogar rötlich werden.

Irdenware

wird aus Tonen hergestellt, die im Gegensatz zum Steinzeug niedrig gebrannt werden, bei Temperaturen von 950–1180 Grad. Die Ware ist porös und nur dann wasserdicht, wenn sie glasiert wird. Meist ist die Färbung nach dem Brand braun oder

Hochgebrannte Porzellanvase, unglasiert, Höhe 25 cm. Von Rudolf Staffel.

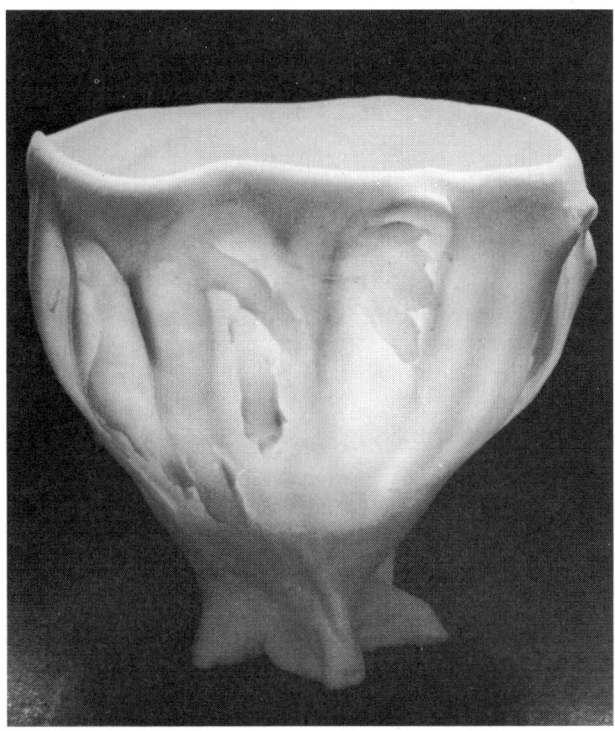

rot, oft auch recht dunkel. Aus diesen Tonen werden Ziegel produziert, aber es gibt auch recht hübsches Tafelgeschirr aus Irdenware.

Porzellan

Porzellan wird aus einer Tonmasse angefertigt, die Kaolin, Ball Clay, Feldspat und Flint enthält. Porzellan ist hart, nicht porös, von reinstem Weiß, an dünnen Stellen transparent und verlangt die höchste Brenntemperatur: bis zu 1450 Grad. Da diese Tonmasse nicht sehr plastisch ist und viel Geschick erfordert, eignet sie sich nicht für den Anfänger.
Obschon man gelegentlich, etwa bei Ziegeleien, billige Tonmassen kaufen kann, die sich für Irdenware verwenden ließen, ist davon abzuraten. Dieser Ton ist oft unrein und enthält Fremdkörper. Solange man wenig Erfahrung hat, sollte man fertig zubereitete Tonmassen verwenden.

Der Brennvorgang

Da während des Brandes starke chemische Umwandlungen stattfinden, sowohl im Ton wie in der Glasur, verlangt der Brennvorgang eine gewisse Sorgfalt. Sofern man nicht einen eigenen Ofen anschaffen oder gar bauen will – in der einfachen Art, wie auf S. 114 beschrieben –, wird man zwangsläufig seine Töpfe zum Brennen fortgeben müssen. Es lohnt sich, dabei einem erfahrenen Töpfer zuzusehen und möglichst viele Ratschläge einzuheimsen. Trotzdem läßt sich der Brennvorgang nur durch Erfahrung lernen. Je nachdem, wie hoch gebrannt werden soll und die – langsame! – Abkühlung dauert, kann der Brennvorgang zehn bis zwölf Stunden beanspruchen, d.h. das Heizen allein. Niedrige Temperaturen wie etwa für Irdenware erfordern acht Stunden, niemals jedoch weniger als sechs. Hinweise für das Brennen auf S. 115.

Oxydierendes Brennen

So nennt sich der normale Brennverlauf in den Öfen aller Arten. Man heizt den Ofen entweder mit Elektrizität, Gas oder Öl. Ein elektrischer Ofen kann nur oxydierend brennen, da nichts an brennbarem Material im Ofeninneren den vorhandenen Sauerstoff aufzehrt. Meist lassen sich die Brandergebnisse beim oxydierenden Brennen vorherbestimmen. Man erzielt mit Oxydationsglasuren eine breite Skala leuchtender und glänzender Farben. Die Normaltemperaturen für oxydierendes Brennen liegen unterhalb 1400 Grad.

Reduzierendes Brennen

Bei Gas- oder Ölöfen wendet man während des Brennvorganges, und zwar zu gewissen Zeitpunkten, dieses Verfahren an, um die besonderen Farbeigenschaften der Reduktionsglasuren zu erzielen. Man beginnt zunächst mit einem oxydierenden Brennen, dann jedoch werden der Brenner und die Luftventile so eingestellt, daß Kohlenstoff in den Ofen gelangt und eine unvollkommene Verbrennung stattfindet. Dies nennt man »reduzierende Atmosphäre«. Da Kohlenstoff eine starke Affinität zu Sauerstoff besitzt, geht er in dieser Atmosphäre eine Verbindung mit dem Sauerstoffanteil der Eisen- und Kupferoxyde in den Reduktionsglasuren ein. Wenn die Reduktion stattgefunden hat, verbleiben die Eisen- und Kupferoxyde als reines, zum Teil kolloides Metall. Eine sonst grün erscheinende Kupferglasur wird zu einem prachtvollen Rubinrot, gelegentlich mit blauen und purpurnen Einsprengseln, während das Eisenoxyd sein übliches Braunrot aufgibt und sich zu einer variablen Reihe von ruhigen graugrünen Tönen verwandelt. Zum reduzierenden Brennen verwendet man am besten hohe Temperaturen – zwischen 1200 und 1260 Grad. Obwohl die Farbskala beim Reduktionsbrand nicht sehr groß ist, wird dieser Mangel mehr als wettgemacht durch die ruhige, feine Schönheit der Farben.

Salzglasieren

Hier wird bei einem einzigen Brennvorgang, sobald die Ware gar gebrannt ist, gewöhnliches Tafelsalz in den Ofen gestreut. Nach dem Brand weisen die Gefäße braun- und graugefleckte Glasuren auf. Das Salz verbindet sich nämlich mit der Kieselerde in der Tonmasse – meist einer Steinzeugmasse – und ruft dadurch jene ansprechende und vor allem dauerhafte Glasur hervor. Das Verfahren geht auf deutsche Töpfer aus dem 15. Jahrhundert zurück, die zur Holzfeuerung auch Salz in den Ofen warfen. Heute braucht man zum Salzglasieren Öfen mit offener Flamme, die rund um den Brenner Öffnungen zum Einwerfen des Salzes besitzen bzw. in den Seitenwänden dazu vorgesehene Löcher.

Satt glänzende Glasur, das Ergebnis des reduzierenden Brennens.
Schale von Lilian Samenfeld.

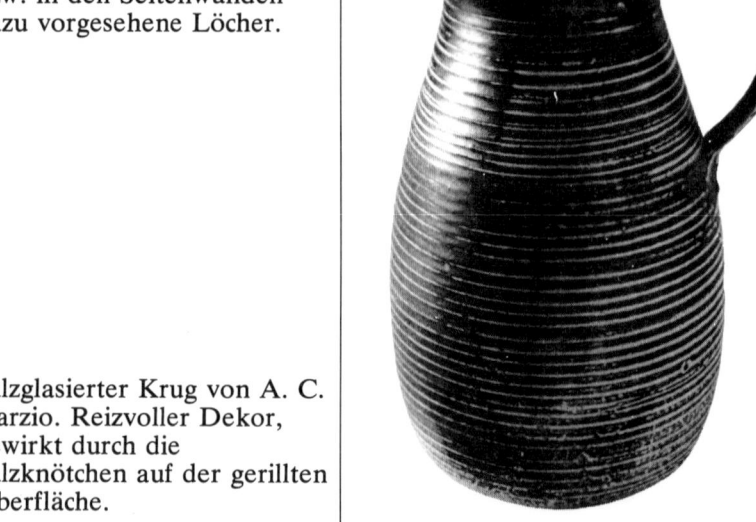

Salzglasierter Krug von A. C. Garzio. Reizvoller Dekor, bewirkt durch die Salzknötchen auf der gerillten Oberfläche.

Hat man einmal einen Ofen zum Salzglasieren benutzt, läßt er sich nur schwer wieder auf andere Brennarten und Glasuren umstellen. Das Ofeninnere ist mit einer dichten Decke der Salzglasur überzogen, die sich leicht verflüchtigt. Eines gilt es auch beim Salzglasieren zu bedenken: Das Innere der Töpfe muß, falls erwünscht, in der üblichen Weise vor dem Brand glasiert werden, da die Salzdämpfe nicht bis dorthin gelangen. Und vor allem ist Vorsicht am Platz! Beim Brand entweicht als Nebenprodukt Chlorgas, das giftig ist. Ein Salzglasurbrand ist nur unter entsprechenden Ortsverhältnissen möglich.

Raku

Den Rakubrand haben japanische Töpfer entwickelt, und zwar im Zusammenhang mit der Teezeremonie. Es entstehen dabei immer sehr eindrucksvolle Gefäße. Man töpfert mit einer porösen Tonmasse, versieht diese mit niedrigbrennenden Bleiglasuren und setzt die Töpfe dann in einen bereits rotglühenden Ofen von 800–1030 Grad. Sobald die Glasur glatt und glänzend erscheint, wird der Topf mit einer Zange aus dem Ofen geholt und in eine Grube mit rauchbildendem Material fallen gelassen – in Holzspäne, trockenes Laub oder Stroh. Alle unglasierten Stellen werden vom Rauch dunkel gefärbt, die glasierten aber zeigen eine Wirkung wie beim Reduktionsbrand. Etwa eine Viertelstunde später stellt man den Topf in kaltes Wasser, und damit ist er fertig. Hinweise findet man auf S. 121 ff.

Der milchige Glasureffekt ist typisch für den Raku-Brand. Vom Verfasser.

Der Oxydationsbrand ruft diese Wirkung von Eisenflecken hervor. Deckelvase aus Steinzeug von Robert Turner.

Wachsabdeckung mit matter
Engobeglasur.
Deckelbehälter
von Ralph Bacerra.

Weiße Engobeglasur mit
Pinseldekor.
Teedose aus Steinzeug von
John Glick.

Abb. rechts:
Diese Vase von Vivika und
Otto Heino hat ein kräftiges
Design, hervorgerufen durch
Farboxyde.

Vase mit Craquelé-Glasur
von C. H. Brown.

Die Glasur

Die Glasur bildet eine Schicht von Glaskristallen auf der Oberfläche des Tons. Man verwendet die Glasur zu dekorativen Zwecken, aber auch, um das Gefäß wasserdicht zu machen. Die Glasur wird in flüssigem Zustand aufgetragen, kommt beim Brand zum Schmelzen und bildet eine dünne Schicht aus Glas. Es gibt niedrigbrennende Glasuren, deren Schmelzpunkt bei 820–1090 Grad liegt, aber auch hochbrennende Glasuren, die Temperaturen von 1150–1260 Grad benötigen. Innerhalb dieser Spannen gibt es wiederum zahlreiche Glasurtypen: Craquelé-Glasur, Mattglasuren, Salzglasuren, Engobe, Lüster, Reduktionsglasuren. Das Glasieren erfordert zunächst den vorbereitenden sog. Schrühbrand, d.h., der Topf wird unglasiert einem Erstbrand von 950 Grad ausgesetzt. Ein ungebranntes, trockenes Gefäß ist zerbrechlich. Der Schrühbrand bringt es in einen Zustand sicherer Härte, aber es bleibt dabei so porös, daß es die Glasur bereitwillig aufsaugt. Als Anfänger sollte man nur mit fertigen Glasuren hantieren und vor allem niemals vergessen, daß jeder Ton seine besondere Glasur und jede Glasur ihre spezifische Brenntemperatur braucht.

Gedrehte und geklopfte Porzellanvase mit Kristallglasur.
Von Herbert Sanders.

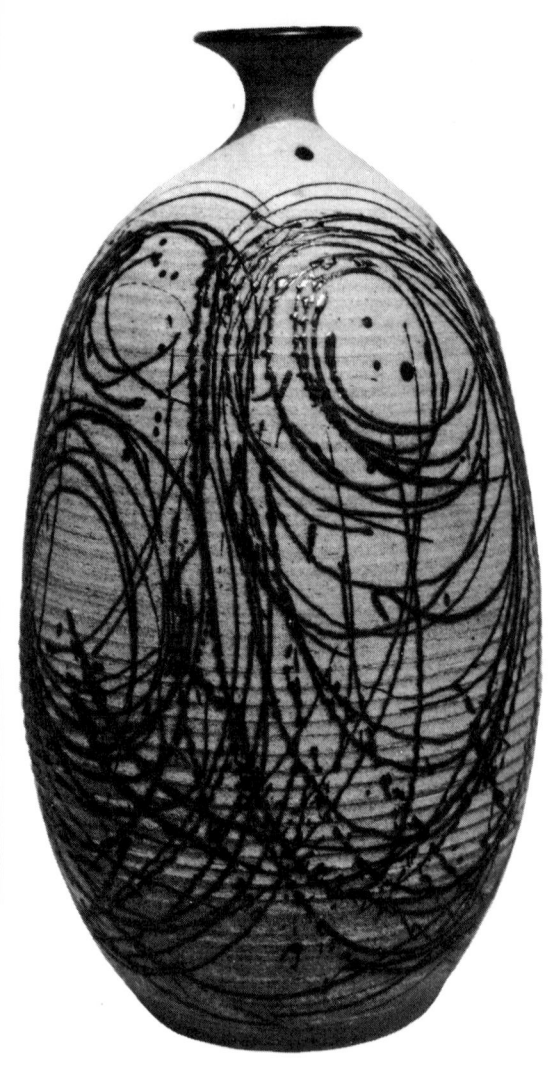

Vase, dekoriert mit dem
Malbällchen.
Von Tom McMillin.

Schale mit Porzellanglasur,
Durchmesser 37 cm,
von Ann Stockton.

Die
Werkstatt

Werkzeug

Die Werkstatt

Wer zu töpfern anfängt, schafft sich meist nur das notwendigste Werkzeug an, was durchaus empfehlenswert ist. Trotzdem wächst mit dem Interesse an der Arbeit auch das Bedürfnis nach weiterem Hilfsmaterial. Der hier ausgeführte Plan einer Werkstatt ist als typisches Studio für einen Berufstöpfer gedacht, und die Zeichnungen sollen dem Anfänger Gelegenheit geben, bei seinen Anschaffungen vorauszuplanen. Wichtig ist, daß die Raumverhältnisse den Arbeitsvorgängen angepaßt werden. So gehören Feuchthaltekiste und Rohmaterial in die Nähe des Arbeitsplatzes, der Ofen hingegen soll möglichst weit weg in eine Ecke des Studios. Wer mit Säge, Hammer und Nägeln umzugehen versteht, wird sich manchen Kauf ersparen können.

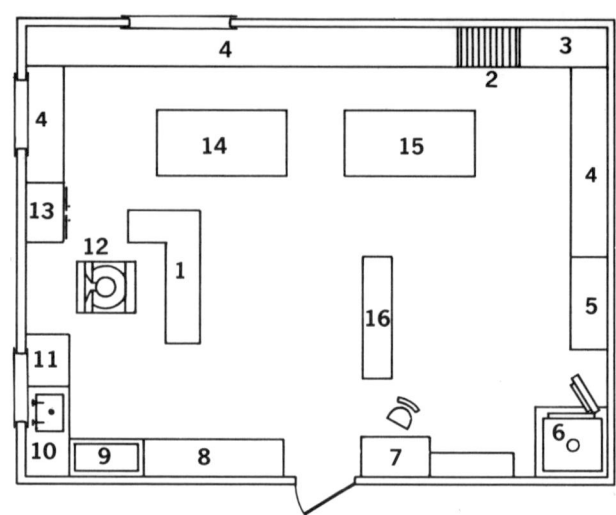

Grundriß einer Werkstatt, die nach arbeitstechnischen Gesichtspunkten eingerichtet wurde. Wichtig ist, daß die Reihenfolge aller notwendigen Einrichtungsgegenstände dem Arbeitsverlauf angepaßt ist.

1. Werkbank und Vorratsregal
2. Spritz-Box
3. Glasuren und Chemikalien
4. Schränke und Regale
5. Brennofenzubehör
6. Brennofen
7. Schreibtisch
8. Tonvorräte
9. Feuchthaltekiste
10. Spülbecken
11. Knetbank
12. Drehscheibe
13. Werkzeug
14. Arbeitstisch
15. Gipstisch
16. Schauvitrine

Man braucht eine Anzahl von Regalen für Werkzeug, Material und Ware, d.h. für Ware, die trocknen soll, für brandbereite Ware, für verkaufsfertige Ware.

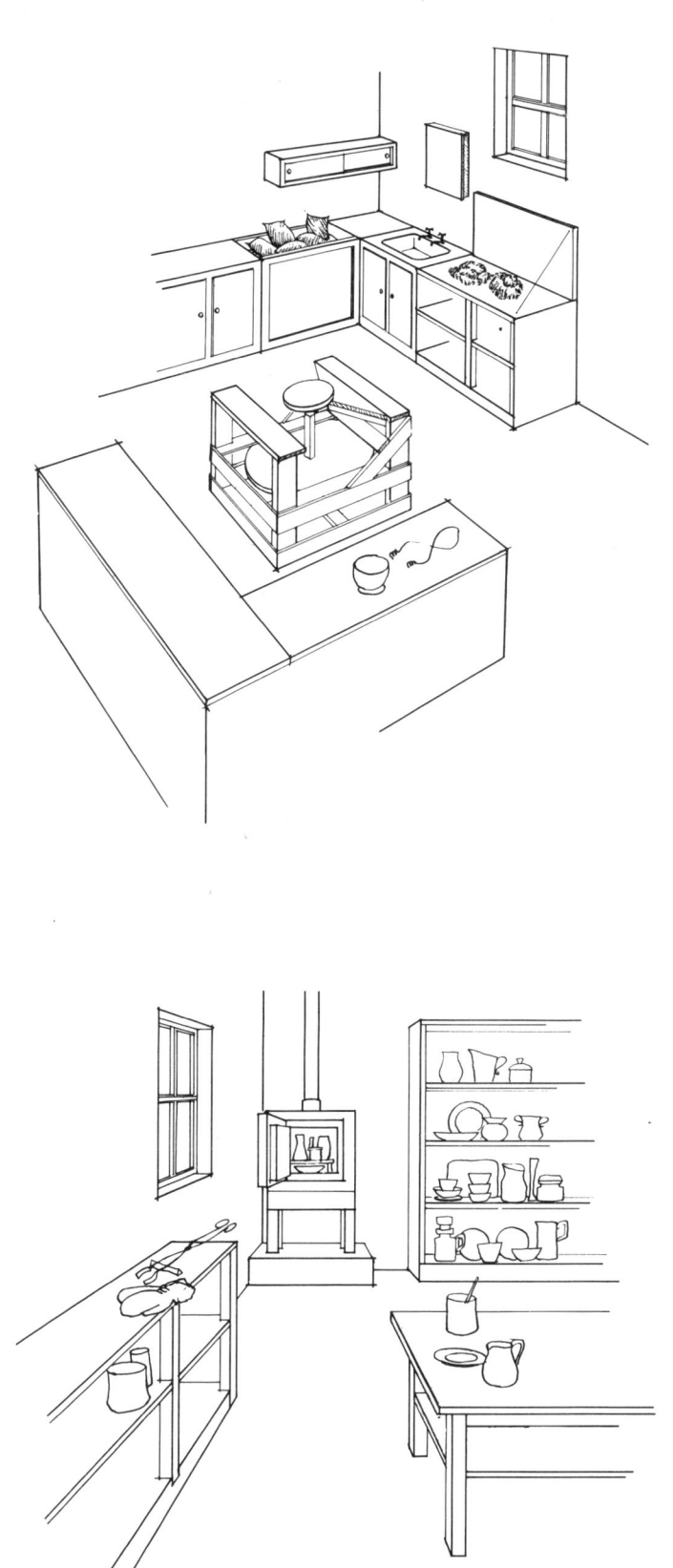

Werkzeug

Zum Töpfern mit Wülsten oder Platten, zum sog. Aufbauen also, braucht man – außer einer Gelegenheit zum Brennen – eigentlich nur den Ton und die eigenen Hände. Trotzdem ist einiges Werkzeug angebracht, und es kostet nicht viel. Man kann manches davon auch eigenhändig herstellen. Hier ein paar dieser Hilfsmittel:

Lineal
zum Messen, aber auch brauchbar als Klopfer zum Korrigieren der Form.

Japanischer Pinsel
ideal für das Glasieren, aber man kann auch gewöhnliche Malpinsel in jeder Größe verwenden.

Modellierschlinge
zur Formgebung und Dekoration der Töpfe.

Nadel
(befestigt in einem Holzgriff) – im Handel erhältlich, aber eine einfache Hutnadel, durch einen Korken gebohrt, tut auch ihren Dienst.

Bleistift
ein Werkzeug mit vielen Anwendungsmöglichkeiten.

Schneidedraht
zum Durchschneiden des Tonbatzens beim Walken und Kneten, auch zum Schneiden der Tonplatten (siehe S. 39). Man nehme ein Stück Draht, etwas mehr als $1/2$ Meter, und bringe eine Art von Griffen an: Holzstückchen, Knöpfe oder dergleichen.

Töpfermesser

Hier ist ein Kauf ratsam, aber Tischmesser oder Kunstmalerspachtel genügen auch.

Die Auswahl des Tons hängt davon ab, welche Brenntemperaturen mit dem zur Verfügung stehenden Ofen erreicht werden können. Manche Töpfereien oder Töpferkurse nehmen gegen Entgelt Sachen zum Brennen an. Ist die Ofenfrage noch nicht geklärt, nimmt man am besten einen Ton mit möglichst breiter Brennskala. Empfehlenswert ist eine Tonmasse, die von 1030–1180 Grad gebrannt werden kann.

Die meisten Berufstöpfer arbeiten mit selbst zubereiteten Glasuren. Wir aber möchten anraten, fertige Glasuren zu benutzen. Auch hier muß die Art des Tones und die Heizkraft des Ofens berücksichtigt werden. Der Handel hält jedoch reichhaltige Angebote an Fertigglasuren bereit.

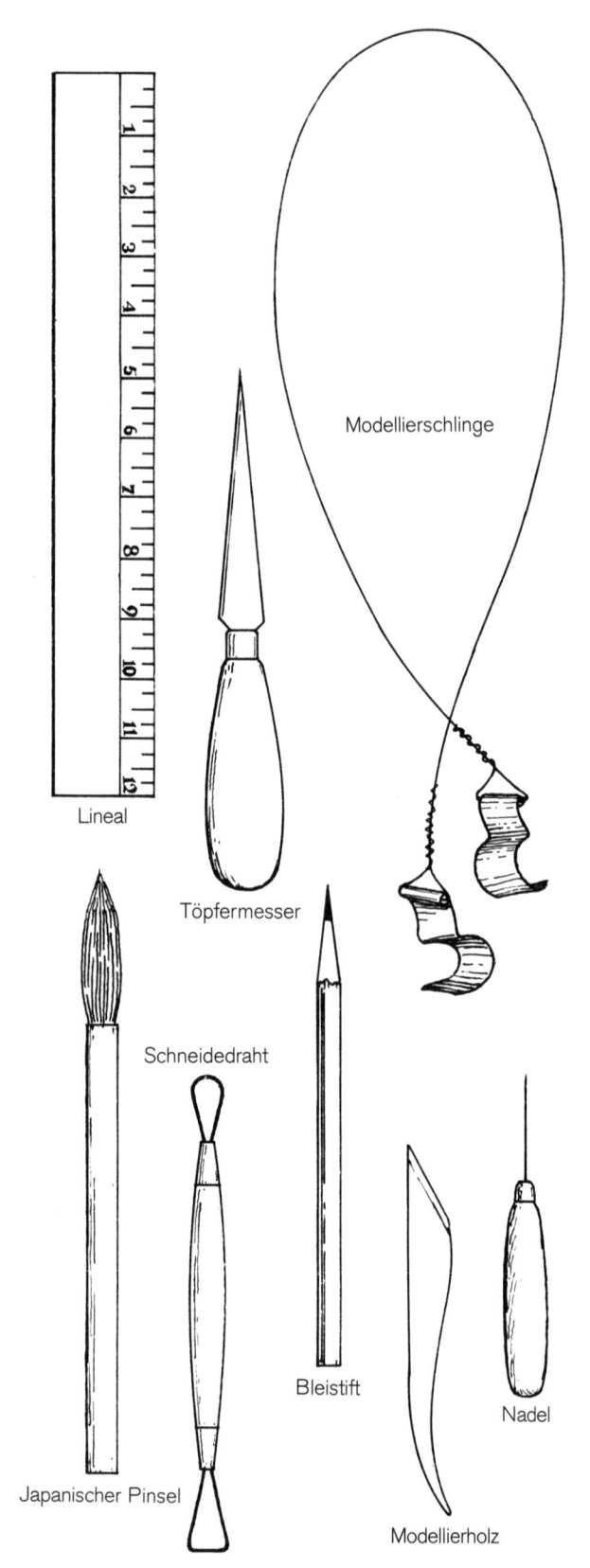

Lineal

Modellierschlinge

Töpfermesser

Schneidedraht

Bleistift

Nadel

Japanischer Pinsel

Modellierholz

Zubereitung des Tons

Tonschlagen und Kneten
Wie man Platten macht
Wie man Wülste macht

Tonschlagen und Kneten

Wenn der Ton von der Lieferfirma kommt, kann er voller Luftblasen stecken, und diese Blasen müssen zuallererst entfernt werden. Schon die kleinste Luftblase kann den Topf, mag er noch so sorgfältig gearbeitet sein, beim Brand zum Platzen bringen. Auch wenn der Topf den Brand überstehen sollte, könnte er beim Abkühlen wegen der Luftblase immer noch platzen. Es gibt zwei Möglichkeiten, um den Ton blasenfrei zu machen. Die eine nennt sich »Tonschlagen«. Dazu nimmt man den Tonbatzen, mit dem man arbeiten will, und zerschneidet ihn mit einem Draht. Entweder zieht man ihn durch den Knet-Draht, der quer über die Knet-Bank gespannt ist, oder man greift zum Abschneidedraht und zieht diesen mit beiden Händen straff durch den Tonbatzen. Dann wirft man die eine Batzenhälfte von oben kräftig auf die Bank und anschließend die andere Hälfte genauso auf die erste.

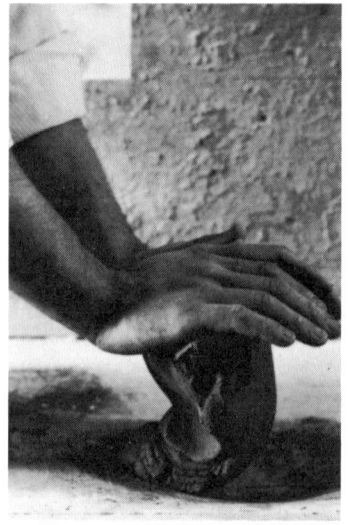

Abb. oben:
Der Ton wird mit dem Draht geschnitten.

Abb. Mitte:
Das Kneten und Walken.

Abb. links:
Probe auf Luftblasen.

Der neue Batzen wird wiederum durchschnitten, die neuen Batzenhälften werden ein zweites Mal »geschlagen«. Das wiederholt man so oft, bis beim Durchschneiden keine Blasen mehr sichtbar sind. Man überzeugt sich durch mehrere Schnitte, daß überall eine glatte, gleichmäßige Schnittfläche vorhanden ist. Eine andere Möglichkeit ist das »Walken« oder »Kneten«. Auch hier wird der Ton geschnitten und auf die Bank geworfen, dann aber mit beiden Händen gewalkt, bis er geschmeidig ist wie etwa ein Brotteig. Man spart übrigens Zeit und Kraft, wenn man gleich zu Arbeitsbeginn eine ausreichende Menge Ton zubereitet, damit man nicht für jeden Topf erneut an die Knetbank muß. Was nicht sofort gebraucht wird, kann in die Feuchthaltekiste (S. 34) oder an eine andere kühle, feuchte Stelle. Einmal zubereiteter Ton bleibt »zubereitet«; man braucht nicht zu befürchten, daß man diese Arbeit erneut tun muß.
Der Anfänger mag nun versuchen, zur Durchführung unserer Projekte und Vorschläge eine Reihe von Platten oder Wülsten anzufertigen. – Als kurzer Vorhinweis: Es gibt, außer Platten und Wülsten, noch eine dritte Aufbaumethode: das »Daumenschälchen« (S. 50). Hier wird ein Tonball oder eine Tonkugel als Ausgangspunkt benutzt; dazu nimmt man einfach ein Tonstück und rollt es so lange zwischen den Händen, bis es eine gute Kugelform bekommt.

Wie man Platten macht

Man kann Platten auf zweierlei Weise anfertigen. Einmal nimmt man ein Stück Sacktuch und legt darauf zwei Latten als Führungs- und Begrenzungsleisten, und zwar in einem Abstand, der dem gewünschten Maß der Platte entspricht. Die Dicke der Platte hängt von der Dicke der Latten ab; ratsam wäre eine Dicke von reichlich 1 Zentimeter. Nun legt man eine große Tonkugel aufs Sacktuch zwischen die Latten und rollt sie mit einem Rundholz oder Nudelholz flach; die Enden des Werkzeugs müssen dabei auf den Latten liegen. So erhält man Platten von gleichmäßiger Dicke. Man zieht das Sacktuch vom Ton und schneidet die ausgelappten Enden der Tonplatte gerade. Einerseits soll das Sacktuch verhindern, daß der Ton an der Tischplatte festklebt, andererseits bekommt die Tonplatte durch die Sackleinwand – zumindest an der einen Seite – eine ganz interessante Struktur.
Es gibt jedoch noch eine zweite Art der Plattenherstellung. Dazu nimmt man einen großen Batzen zubereiteten Tons und schlägt ihn zu einer Rechteckform etwa in Schuhkartongröße. Vom quadratischen Ende des Batzens lassen sich mit dem Schneidedraht Platten abtrennen. Allerdings erhält man auf diese Art keine ganz ebenmäßigen Platten, aber es ist eine schnelle und beliebte Methode. – Welchen Weg man auch wählt, jedenfalls achte man darauf, daß die frischen Platten zunächst etwas ansteifen, ehe man sie zum Aufbauen verwendet.

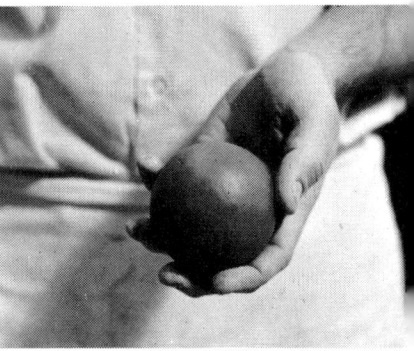

Die Tonkugel für das Daumenschälchen.

Die Platten werden vom Tonbatzen geschnitten.

Wie man Wülste macht

Auch bei der Wulst-Herstellung gibt es zwei Möglichkeiten. Kleine, gleichmäßige Wülste lassen sich am besten aus Tonkugeln anfertigen, die man auf einer Tischplatte ausrollt. Die Tischplatte darf nicht allzu trocken sein, damit der Ton feucht bleibt und nicht bricht. Größere Wülste kann man durch Quetschen herstellen. Beide Methoden sind hier abgebildet.

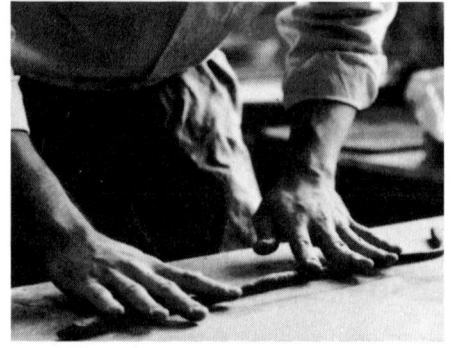

So werden kleine, gleichmäßige Wülste gerollt.

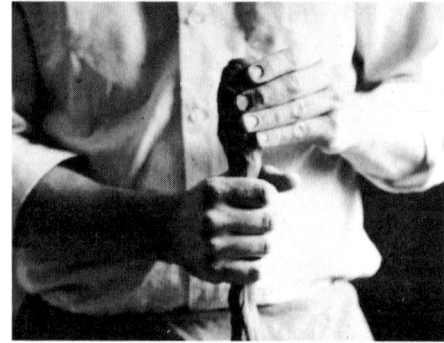

Große, gleichmäßige Wülste lassen sich auch quetschen.

Der Ton wird zu Platten ausgerollt.

Versuche mit der Struktur

Jeder beliebige Gegenstand eignet sich zum Strukturieren, jedes Werkzeug läßt sich vielfältig benutzen. Hier ist es ein Brett, das durch Abstufen und Klopfen Rillen bildet.

Was man auch benutzt – Bürste, Fingernagel, einen scharfen oder stumpfen Gegenstand –, die Wirkung ist jedesmal anders.

Versuche mit der Struktur

Ehe man sich ans Aufbauen macht, sollte man zunächst den Ton als Material kennenlernen, um seine Möglichkeiten und Grenzen zu erfahren. Am besten nimmt man dazu einen Klumpen fertig zubereiteten Ton in die Hand und spielt damit. Es gilt dabei, alle plastischen Möglichkeiten auszuprobieren: durch Quetschen, Biegen, Stoßen, Drücken, Kneifen, Falten und anderes mehr. Bricht zum Beispiel der Ton, wenn man ihn biegt? Je mehr man das Material auf die Probe stellt, um so mehr Sicherheit gewinnt der Anfänger. Hat man das Material ein wenig kennengelernt, nehme man einen großen Tonklumpen und fertige daraus – auf Tisch oder Boden – eine breite Platte an. So erhält man eine Probierfläche und kann nun mit allen möglichen Gegenständen das Strukturieren versuchen. Jeder Gegenstand, das wird man sehen, hinterläßt in der plastischen Tonmasse einen verschiedenartigen Abdruck. Die Beispiele auf S. 24 und die hier abgebildeten zeugen davon. Man schaue sie sich genau an und versuche es dann selbst: mit den Zinken einer Gabel, mit dem Gabelgriff, mit einem Löffel, mit einem Schraubenzieher, einer Münze, einem Bleistift oder einer Messerklinge. Besitzt man keramisches Werkzeug, muß man auch dieses ausprobieren. Auch Finger und Hände sollen mitwirken, sich in den Ton bohren, schlagen, kratzen, fegen und aushöhlen. Alles und jedes vermag Strukturen zu bilden; man muß selbst

entscheiden, welcher
Gegenstand und welches
Verfahren am meisten
zusagt. – Es gibt noch eine
weitere Methode, um eine
Tonplatte mit Mustern zu
versehen. Bei unseren
Entwürfen werden wir öfter
darauf zurückkommen. Man
kann zum Beispiel Wülste
oder Tonstücke an die Platte
heften, einkanten oder
breitschlagen. Das erzeugt
interessante Wirkungen.

Abb. oben:
Ein Design, hervorgerufen
durch Wulststücke auf grober
Oberfläche.

Abb. rechts:
Das Muster dieser Vase von
Richard Peeler ist durch
Sgraffito-Technik auf einer
Engobeglasur entstanden.

Gipsstempel

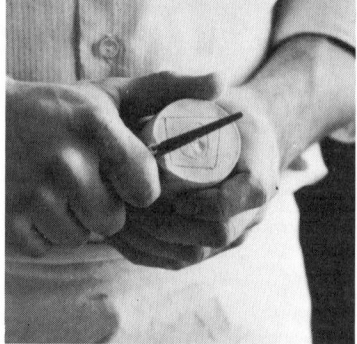

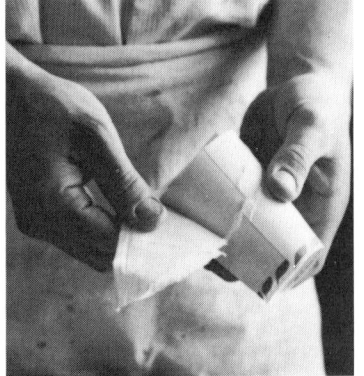

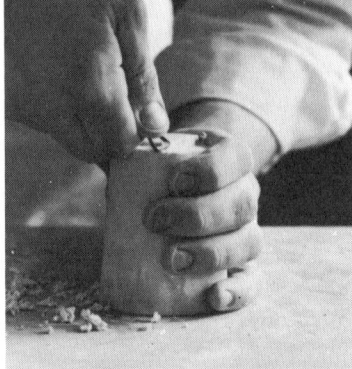

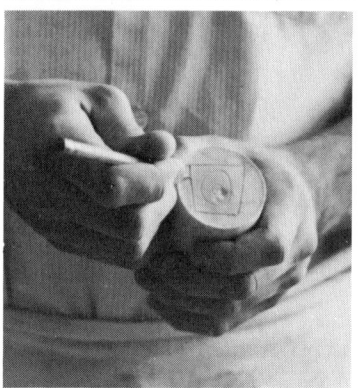

Gips wird in einen
Papierbecher gegossen. Vom
hart gewordenen Gips
entfernt man das Papier.
Das Muster wird eingeritzt.
Zum Stempel entwickelt.
Verfeinert.
Der fertige Stempel und sein
Abdruck.

Gipsstempel

Zum Strukturieren der
weichen Tonoberfläche eignet
sich fast jeder Gegenstand,
sieht man einmal vom
Töpferwerkzeug und dem
Modellieren mit den eigenen
Händen ab. Aber es gibt vor
allem den Stempel, den man
selbst entwerfen kann. Dieser
ist eine uralte Erfindung, aus
vorchristlichen Zeiten,
ursprünglich wohl als
Kennzeichen des Herstellers
gedacht. Viele Töpfer
heutzutage benutzen einen
Stempel zur Kennzeichnung
ihrer Ware. Stempel lassen
sich einzeln, aber auch
kombiniert verwenden. Man
kann sie auf verschiedenste
Weise herstellen. Am
einfachsten ist, den Stempel
aus halbtrockenem Ton zu
schnitzen. Gebrannt und also
steinhart, läßt er sich gut als
Dauerstempel benutzen.
Feinere Ergebnisse im
Abdruck erhält man
allerdings erst dann, wenn
man einen Stempel aus Gips
nimmt, dessen Herstellung
hier beschrieben wird.
Zunächst braucht man kleine
Gipsblöcke. Gips in
Pulverform ist in jeder
Drogerie erhältlich, es muß
jedoch Gips zum Gießen
sein. Auf eine Tasse Wasser
kommt eine Tasse Gips, und
man schüttet langsam, damit
sich keine Klumpen bilden.
Nach Möglichkeit benutzt
man zum Mischen eine alte
Büchse, die nach Gebrauch
fortgeworfen werden kann.
Sobald das Gemisch gut
durchgerührt ist, gießt man es
in Pappbecher und läßt es
hart werden. (Hierbei gilt zu
beachten: Gips muß zu
Wasser gegossen werden,
nicht etwa Wasser zum Gips.
Ferner den unbrauchbaren
Rest nicht in den Ausguß
schütten, er wird hart und

verstopft die Rohre.)
Sobald der Gips hart ist,
kann man das Papier
abreißen. Man hat jetzt
mehrere Blöcke von
einheitlicher Größe. Darauf
lassen sich mit Bleistift oder
Nadel einfache Zeichnungen
anbringen und hinterher mit
Messer oder einer alten
Fahrradspeiche Reliefs
schnitzen. Eigens dazu
vorgesehene
Schnitzwerkzeuge sind
natürlich praktischer. Der
Gips wird immer härter, je
länger man ihn liegen läßt.
Also fange man mit dem
Grobschnitzen möglichst
dann an, wenn der Gips
gerade hart geworden ist. Die
Feinarbeit geschieht am
besten einige Stunden später.
Während des Schnitzens
drücke man den Stempel
gelegentlich in weichen Ton,
dann sieht man, wie nahe
man dem gewünschten
Ergebnis ist.

Man kann eine Reihe von
Gipsstempeln anfertigen, die
je nach Bedarf feine, grobe,
einfache oder ausführliche
Muster bilden.

Eine Kachel mit der Vielfalt
der Möglichkeiten, die ein
Gipsstempel bietet.

Zwei Flaschen mit
Stempeldekor,
Höhe etwa 12 cm,
von Paula Winokur.

Projekte in der Plattentechnik

Das Daumenschälchen

Eigentlich die einfachste Art, einen Topf zu machen, ist das Daumenschälchen. Ein solches Daumenschälchen ist klein und erfordert kein Werkzeug; der Anfänger kann hierbei am besten das Tonformen kennenlernen. Man sollte das »Kennenlernen« ausprobieren, ehe man sich an Platten- oder Wulst-Entwürfe wagt.

Das Prinzip ist einfach: Man nimmt eine Kugel aus zubereitetem Ton, drückt sie mit dem Daumen ein und drückt sie rund um den Daumen zu einer kleinen Form. Bei der hier abgebildeten Form kam noch eine Struktur hinzu, und es entstand eine kleine Vase. Solche Kleinformen lassen sich vielseitig verwenden, als Väschen für Trocken- oder Schnittblumen, als Zigarettenständer oder Behälter für allerlei Kram. Man muß diese Art Daumenschälchen immer wieder von neuem ausprobieren und möglichst verschiedene Formen dabei herstellen. Hat man drei oder vier brauchbare zustande

bekommen, überlege man sich, welche der erprobten Strukturmuster von Fall zu Fall angebracht sind. Das Dekor muß in der Größe zum Topf passen. Soll es eine Vase für Schnittblumen werden, muß zumindest das Topfinnere eine Glasur bekommen. Hierzu die Hinweise auf S. 109 ff. Dort erfährt man auch, wie man einen Topf von außen glasiert. In unserem Buch geht es aber hauptsächlich um das Formen und Dekorieren mittels der Struktur, so daß eine eventuelle Glasur möglichst einfach ausfallen sollte. Nach dem Glasieren ist der Topf brennfertig. – Wenn Sie also ein paar Daumenschälchen fertig haben, können Sie Ihrem Miet-Ofen einen Besuch abstatten. Kommen Sie aber nicht mit einem einzigen Gefäß allein, so stolz Sie auch darauf sein mögen; denn erstens ist es unangebracht, und zweitens kommt es teuer.

Man formt durch Schlagen und Rollen eine Tonkugel. Man läßt die Kugel in der einen Hand kreisen, während der Daumen der anderen eine Öffnung bildet. Durch Kneifdruck des Daumens entsteht eine Wandung von ebenmäßiger Dicke und Form. Durch langsames, gleichmäßiges Arbeiten bleibt der Ton unter Kontrolle. Die Hände sollten beim Formen trocken sein, angefeuchtet machen sie den Ton weich und formlos.

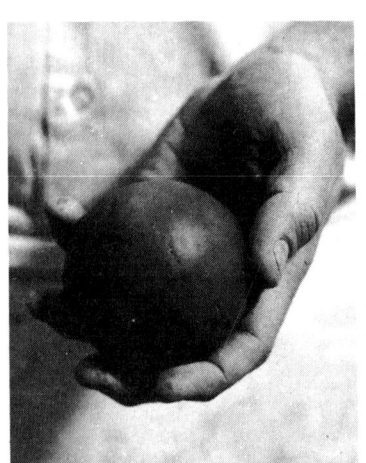 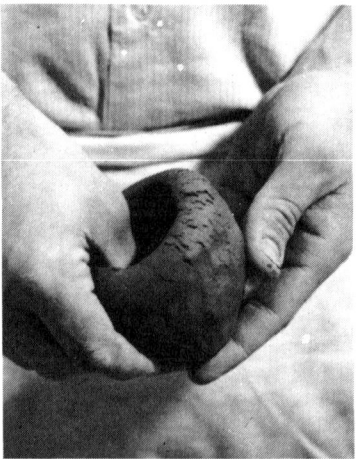 

Fertiges Daumenschälchen mit geritzter Oberflächenstruktur, salzglasiert und gebrannt bei Segerkegel 4.

Will man einen Topf mit Enghals machen, muß die Wandung mehrmals übereinandergefaltet und mit dem Daumen durchformt werden, bis sie glatt und symmetrisch ist. Dann mit dem Lineal klopfen und mit den Fingern nachglätten. Das Obere der Wandung wird zum Rand umgebogen. Anschließend das Strukturieren. Hier wurde ein Stöckchen zum Einritzen des Musters benutzt. Den fertigen Topf klopft man sanft auf die Tischplatte, damit der Boden eben wird.

Hängevase für Pflanzen von
John Mason.

Abb. links:
Deckelgefäß mit
Porzellanglasur
von Sema Charles.

Abb. unten:
Aschbecher aus Platten mit
hochgebogenen Rändern.
Von Toshiko Takaezu.

Platten-Entwürfe

Hier sieht man einige Beispiele, die ausschließlich in der Plattentechnik angefertigt wurden und die Möglichkeiten dieser Technik zeigen. Man kann auf einfache Weise aus einer Platte einen Aschenbecher machen, indem man die Ecken nach oben biegt. Biegt man eine Platte in zylindrische Form und preßt sie mit dem Rand mutig auf einen Ständer (siehe Fotos nebenstehend), so erhält man eine schlichte Vase für Gräser. Ein Hängetopf – Abbildung links – entsteht dadurch, daß man die Mitte der Platte zu einer Höhlung auswölbt und, sobald der Ton »lederhart« geworden ist, die Löcher zum Aufhängen bohrt. Das Gefäß links unten ist aus sieben kleinen Plattenstückchen entstanden. Man sieht, es gibt unzählige Möglichkeiten. Hauptsache, man vergißt dabei nicht, daß man mit Platten arbeitet: Die Technik muß auch im Endprodukt erkennbar bleiben. Tonplatten eignen sich vorzüglich für Oberflächeneffekte und kommen oft erst durch ausführliche Strukturierung zur Geltung, z.B. durch Ausrollen der Platte auf Sacktuch oder anderem grobem Material.

Abb. oben rechts:
Zu zylindrischen Formen gerollte Platten, in Druck- und Kneiftechnik zusammengefügt und anschließend mit gedrehten Ständern versehen.
Von John Mason.

Abb. rechts:
Mehrfarbiger Topf von Sophia und John Fenton.

Behälter für Gräser

Dieser in der Plattentechnik hergestellte Behälter ist leicht nachzubilden. Wo man auch wohnt, überall finden sich draußen reizvolle Gräser und Feldblumen als Schmuck für die Wohnung. Hier der Entwurf zu einem Gräser-Ständer, der zum Aufhängen an der Wand bestimmt ist. Nicht nur die Gräser und Blumen können interessant wirken, sondern auch der Behälter, falls man seine Oberfläche etwa in der Weise strukturiert, wie wir es auf S. 24/25 zu zeigen versuchen. Solche Behälter lassen sich schnell und einfach formen. Man sollte gleich mehrere davon machen, damit man sie zu einer Gruppe zusammenstellen kann. In ähnlicher Weise lassen sich auch Bleistifthalter entwerfen.

Gräserhänger, hergestellt vom Autor.

Man rollt den Ton auf der Sackleinwand aus und schneidet eine Platte von ca. 20 × 12 cm, ferner zwei Streifen zu je 2 × 12 cm und 1¹/₂ × 6 cm. Der lange Streifen kommt auf den unteren Teil der Platte, der kurze ans obere Ende in die Mitte, und zwar so, daß die Streifenenden auf der Platte liegen, der Streifen selbst über den Rand hängt.

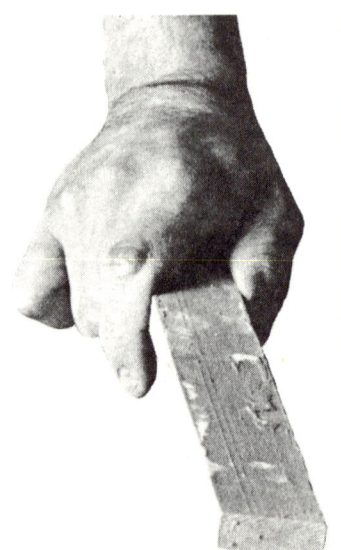

Abb. oben:
Nun werden die Streifen mit
Lineal oder Brettchen
vorsichtig auf die Platte
geklopft. Mit dem Bleistift
bringt man am unteren Ende
verschiedene Aushöhlungen
an. Durch den Hänger-
Streifen oben wird ein Loch
gebohrt, zum späteren
Aufhängen an Nagel oder
Haken. Sobald der
Gräserhänger trocken ist,
kann er glasiert und gebrannt
werden.

Abb. rechts:
Gräserhalter mit Sacktuch-
Struktur, ungebrannt und
noch nicht glasiert.

Untersätze

Dieses Projekt in der Plattentechnik ist für den Anfänger denkbar gut geeignet. Man benutzt dabei geschnitzte Gipsstempel (siehe S. 46). Solche buntglasierten Kacheln kann man verschenken, oder sie lassen sich für die Küche, den Frühstückstisch oder die Terrasse verwenden. Falls man mehrere Gipsstempel besitzt, kann man sie einzeln oder kombiniert zur Wirkung bringen: entweder punktuell oder als Gesamtdeckmuster. Die Kachel dient meist einem Topf oder einer Schüssel (Schale) mit flachem Boden als Untersatz. Deshalb sorge man dafür, daß die Kachel durch leichte Klopfschläge auf die Oberfläche geebnet ist.

Zylindrische Vase

Folgender Entwurf verwendet eine Platte mit Gesamtdeckmuster (vgl. den Abschnitt über Herstellung von Platten, S. 39). Man kann natürlich auch eine Vase in größerer Ausführung bauen. Die hier abgebildete ist etwa 15 cm groß und für kurze Schnittblumen gedacht. Die Oberfläche ist völlig strukturiert und hätte daher auch unglasiert bleiben können, nur das Innere der Vase braucht, um wasserdicht zu sein, unbedingt eine Glasur. Bei dem abgebildeten Beispiel sieht man ein in sich geschlossenes Dekor aus Schnitz- und Stempelmethode. Dies ist nicht die einzige Möglichkeit, denn Ihrer Phantasie sind keine Grenzen gesetzt.

Zur Beachtung:
Die Tonplatte sollte gut 1 cm dick sein, damit sie beim Biegen zur zylindrischen Form nicht bricht.

Das fertige Gefäß, gebrannt bei Segerkegel 4. Die Innenseite des Topfes ist glasiert, damit er wasserdicht ist.

Abb. links:
Für zwei Untersatzkacheln braucht man eine große Tonplatte (man kann diese später halbieren). Die Platte soll etwas größer ausfallen als die gewünschten Kachelmaße, da das Material sich beim Stempeln ausdehnt. Man nimmt den Stempel und preßt das Muster ein. Nun wird die Platte halbiert, an den Rändern sauber geschnitten und mit dem Lineal beklopft. Nach dem Trockenwerden kann man die beiden Kacheln glasieren und brennen.

Man rollt den Ton auf einer groben Unterlage, etwa Sackleinwand, zu zwei Platten aus und schneidet diese auf ca. folgende Maße zu: 25 × 20 cm und 12 × 12 cm. Erst wird die größere Platte zum Zylinder gebogen und mit Daumen und Fingern zusammengefügt bzw. geglättet. Nun wird an einem Ende des Zylinders der Rand sauber abgeschnitten und der Zylinder mit diesem Ende auf die andere Platte gesetzt.

Der überschüssige Ton wird entfernt, damit sich der Boden dem Zylinder anpaßt.

Nun wird der Zylinder auf den Kopf gestellt, der Boden außen an den Zylinder verstrichen, anschließend das Ganze wieder umgedreht. Jetzt die Innenränder des Bodens anglätten. Hierauf wird der obere Rand fertiggemacht. Mit dem Sacktuch lassen sich die glatt gewordenen Stellen wieder aufrauhen.

58

Nun benutzen wir den Gipsstempel. Man kann aber auch Schnitzwerk anbringen. Sobald der Topf trocken ist, kann er glasiert und gebrannt werden.

Weitere Projekte in der Plattentechnik

Von allen Aufbaumethoden ist die Plattentechnik die variabelste. Bevor wir uns weiteren Gefäßformen aus Platten zuwenden, hier einige Arbeiten, die zu eigenen Ideen anregen mögen. Auf den Abbildungen der nächsten Seiten sieht man, wie Fachleute die Plattentechnik zur Herstellung von Raumteilern benutzt haben. Besonders interessant ist das Beispiel eines Windspiels mit skurrilen Maskengesichtern aus Plättchen in zwangloser Form; mit einer anderen Technik wäre derartiges nicht zu erreichen. Recht anschaulich zeigt die unglasierte Steinzeugmasse, was alles mit Plattentechnik zu verwirklichen ist. Die mexikanische Krippe (S. 60) stammt von Volkskünstlern: Der Stall besteht aus Platten, mit dunkelbrauner Engobe bemalt, die Figuren im Inneren sind frei modelliert. Die Kachelwand auf S. 61 entstand aus verschiedenen Platten, mit Zusätzen weiterer Plattenfragmente und freimodellierter Formen. Das Ganze wurde anschließend glasiert. Gebrannter Ton und vor allem hochgebrannte glasierte Ware ist normalerweise witterungsbeständig; deshalb lassen sich solche Entwürfe für draußen wie auch für drinnen planen. Auch Fliesenkacheln für Küche, Bad oder Terrasse, die man vermauern muß, fallen unter diese Rubrik.

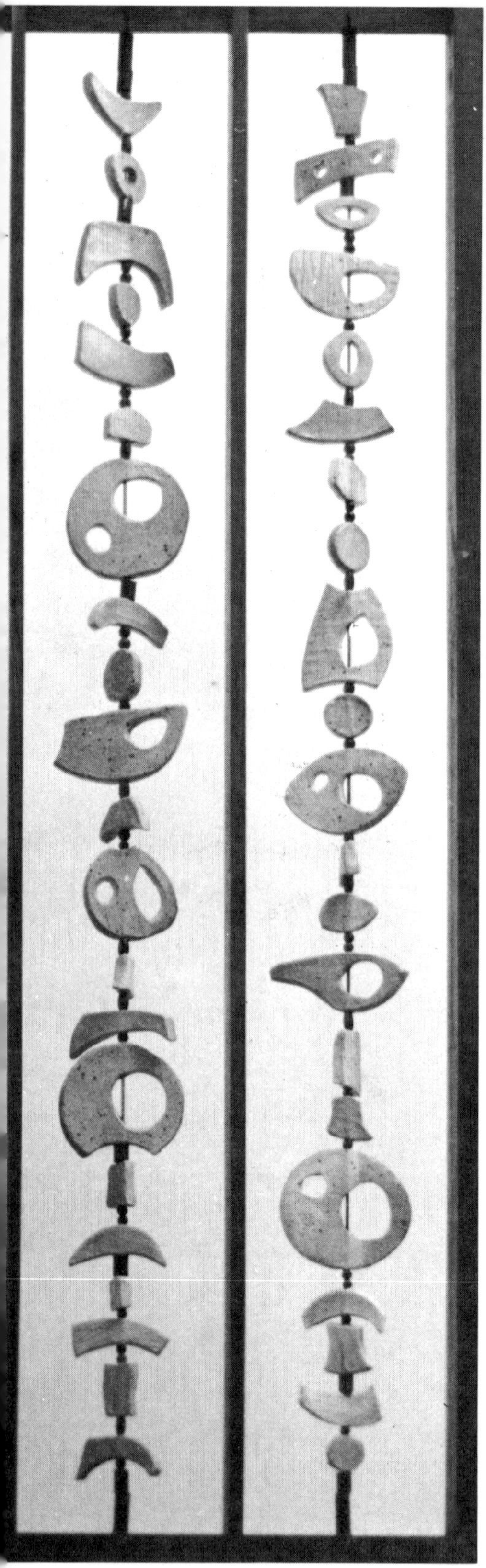

Pflanzenständer, aus Platten
und unglasiert.
Von Robert Winokur.

Raumteiler oder Sichtgitter,
hergestellt aus
verschiedenartigen Kacheln,
die in einem Abstand von ca.
10–20 cm senkrecht in einem
offenen Holzrahmen
aufgezogen werden.
Von Henry Lin.

Mexikanische Krippe aus
Platten, die Figuren im
Inneren aus Wülsten.

Windspiel. Runde, dekorierte Plättchen wurden durch Schnüre miteinander verbunden und an eine Holzstange gehängt.
Von Robert und Paula Winokur.

Keramik-Wandrelief. Größe 60 × 95 cm. Nach Fertigstellung der Grundarbeiten wurde das Relief für den Brand in Quadrate aufgeteilt und nachher wieder zusammenmontiert.
Von Henry Lin.

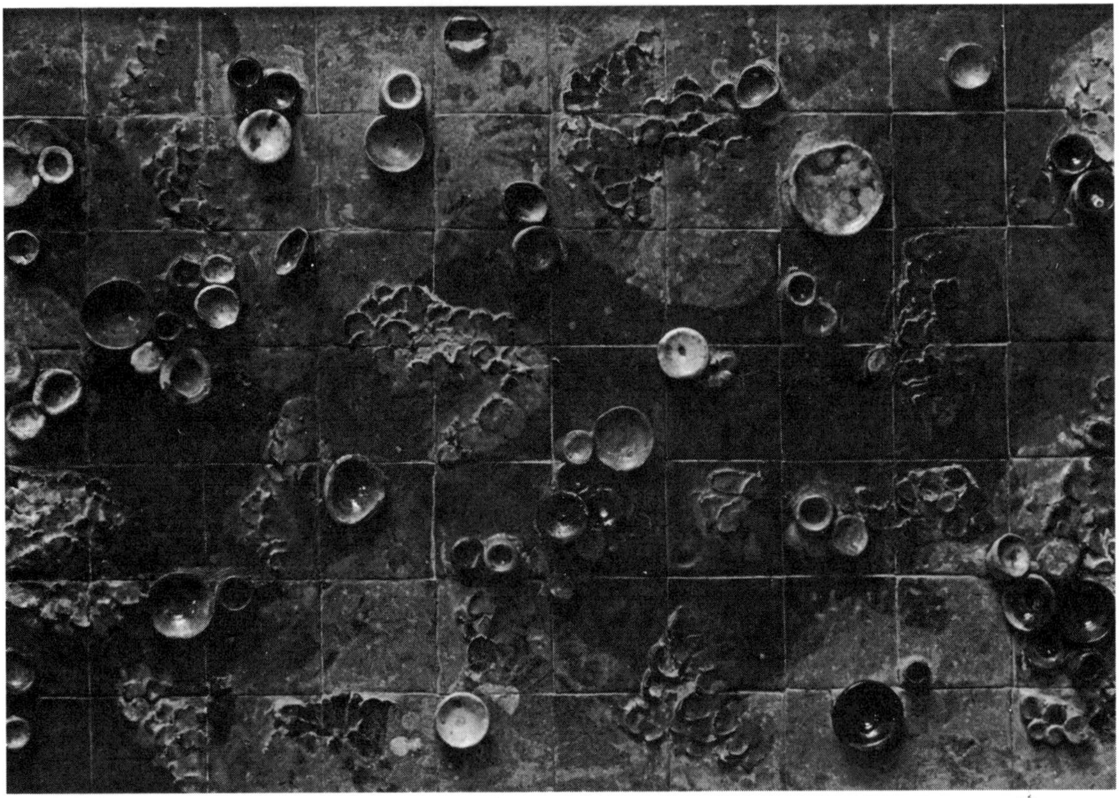

Deckelgefäß

Bei diesem Projekt lernt man, wie man eine rechteckige Form aus vier Wänden mit Henkeln und Deckel herstellt. Schon das Daumenschälchen zeigte, daß sich Tonstücke aneinanderdrücken lassen. Auch wirken die Druckstellen dekorativ.

Sobald man die nötigen Platten angefertigt hat, läßt man sie ein wenig ansteifen, gerade so weit, daß man sie noch zusammenkneifen kann. Vergißt man die Wartepause, sacken die Platten womöglich beim Aufbauen ein. Ein typischer Fehler bei dieser Methode! Wichtig ist ferner die Verstärkung der Anschlußstellen bei den Platten; man rauht dazu die betreffenden Kanten auf und bestreicht sie mit Schlicker. Als Werkzeug kann man die Nadel benutzen, noch besser aber eine Gabel. Dann wird der Schlicker aufgetragen und die Kante mit den Fingern geglättet. Man sollte also mit dem Aufbau erst dann beginnen, wenn die Platten genügend hart, jedoch nicht lederhart, geworden sind: Es lohnt sich also, gleichzeitig an mehreren Gefäßen zu arbeiten.

Mit dem Schneidedraht (siehe Plattentechnik, S. 39) trennt man vom zubereiteten, rechteckigen Tonbatzen sechs Platten ab, je etwa 12 × 25 cm groß und anderthalb Zentimeter dick.

Zunächst müssen die Platten ansteifen. Darauf kann man die Ränder, welche die Anschlußstellen des geplanten vierwandigen Topfes bilden, mit Nadel oder Gabel aufrauhen.

Ehe man die Platten
aneinandermontiert, muß
man die aufgerauhten
Ränder mit Schlicker, d.h.
weichflüssigem Ton,
bestreichen. Anschließend
lassen sich die beiden Platten
zusammensetzen und mit
dem Modellierstöckchen
verfugen.

Die dritte Platte wird in gleicher Weise behandelt. Zur Stärkung der Eckfugen kann man zusätzlich Wulstenden einarbeiten. Nun folgt die vierte Platte. Diese sollte etwas steifer sein als die vorhergehenden, da sie sich beim Montieren selbst tragen muß.

Die vier miteinander verbundenen Platten oder Wände werden aufrecht auf eine fünfte Platte gesetzt, die den Boden bildet. Überschüssiger Ton wird abgetrennt. Die Fugen im Inneren werden verstrichen. Die Ecken außen lassen sich zusammenkneifen, das verstärkt den Halt und wirkt strukturbildend.

Nun schneidet man einen
Streifen von ca. 5 × 20 cm
und legt ihn als »Kragen« auf
die obere Topfkante. Mit
einem Spachtel wird der

Kragen zunächst außen
angearbeitet, dann innen.
Darauf nimmt man zwei
kleine Tonstreifen und setzt
sie als Henkel seitwärts am

Topf an, die oberen Enden
zuerst, wobei Spachtel und
Finger gleichzeitig tätig sind.

Ein Tonstück von 15 cm im
Quadrat dient als Deckel.
Für den Deckel schneidet
man zwei Griffe zurecht, in
derselben Art wie die
Henkel, und setzt sie auf die

Deckelmitte. Legt man den
Deckel nun oben auf den
Topf, wird er sich den
Konturen des Kragens
anpassen.

Gartenlaterne

Diese Gartenlaterne in Dreiecksform ist eigentlich für den Gebrauch im Freien gedacht. Sie läßt sich aber auch im Haus verwenden, beispielsweise in einer Blumenecke oder aufgehängt, zusammen mit anderen Laternen von unterschiedlicher Größe. Als Leuchtkörper nimmt man entweder eine Kerze oder eine größenmäßig passende elektrische Birne. Ob das eine oder andere, sollte man entscheiden, bevor man mit dem Projekt beginnt. Wählt man eine elektrische Beleuchtung, empfiehlt sich bei einer hängenden Laterne die Anbringung der Birne oben. Soll die Laterne am Boden stehen, montiert man die Birne vorteilhafter von unten. Kerzen verbreiten immer ein angenehmes Licht. Bei einer elektrischen Birne wirkt es besser, wenn man die Ausschnitte innen mit Reispapier abklebt. Unsere Abbildung zeigt eine Laterne aus drei Seitenflächen. Ebensogut lassen sich aber mit gleicher Technik runde oder viereckige Formen verwirklichen. Auch bei diesem Entwurf braucht man nicht unbedingt eine Glasur. Zieht man aber eine farbige Oberfläche vor, gilt zu bedenken, daß die Ausschnitte als Elemente die Form entscheidend mitbestimmen.

Zum Schluß muß die Deckelplatte auf die Proportionen des Topfes abgestimmt werden. Der Topf soll sorgfältig trocknen, erst dann kann man ihn glasieren und brennen. Beim Trocknen und beim Brand müssen Deckel und Topf getrennt sein.

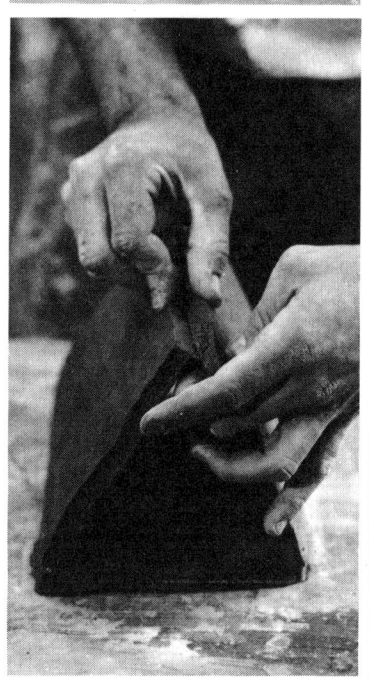

Man braucht als Seitenwände für die Laterne drei Platten von je etwa 15 × 30 cm. Die Kanten der Längsseiten werden aufgerauht und mit Schlicker bestrichen. Man legt eine der Platten als Bodenfläche und montiert zunächst eine der beiden restlichen Platten. Das heißt, die aufgerauhten Kanten

kommen aufeinander, werden mit Spachtel innen verbunden, außen mit Fingerdruck zusammengedrückt, so daß beide Platten im rechten Winkel freien Stand haben. Genauso verfährt man mit der dritten Platte.
Nun biegt man die senkrecht stehenden Platten zu einem

Dreieck zusammen und verbindet die Anschlußstelle mit Fingerdruck. Dann wird der Dreikant aufrecht hingestellt und mit Lineal oder Brettchen glattgeklopft. Der Ton muß eine Weile zur Ruhe kommen. Wenn er sich gesetzt hat, kann man an den Wänden die Muster für die Ausschnitte anbringen.

Erst im lederharten Zustand lassen sich die Ausschnitte heraustrennen. Anschließend kann man die Oberkante der Laterne glätten und aus einer weiteren Platte einen Deckel zurechtschneiden. Erneut werden die Anschlußkanten aufgerauht und mit Schlicker bestrichen. Nun läßt sich der Deckel vorsichtig aufsetzen und anklopfen. Soll die Laterne aufgehängt werden, braucht man eine Hängeöse, d.h. ein aufgesetztes Tonstück mit einem Loch für das Seil.

Projekte in der Wulst technik

Krug
Terrassenvase
Hängelampe

Projekte in der Wulsttechnik

Das Töpfern in der Frühzeit bestand aus einer Aufschichtung von Wülsten. Aus dieser einfachen Methode langsamen Aufbauens hat sich wahrscheinlich die Drehscheibe entwickelt. Es ist anzunehmen, daß man sozusagen im Teamwork gearbeitet hat. Der eine saß am Boden, drehte die Scheibe und legte den Wulst auf, während der andere hinter ihm stand und den

Abb. links:
Große Terrassenvase, aus teils geglätteten Wülsten.
Vom Autor.

Abb. unten links:
Aus Wülsten aufgebaute Vase, wegen der Stufenwirkung nur zum Teil geglättet.
Von Frances Simches.

Abb. unten:
Aufgebaute Vase, mit muschelförmig verarbeiteten Wülsten.
Von S. Elliot Sayles.

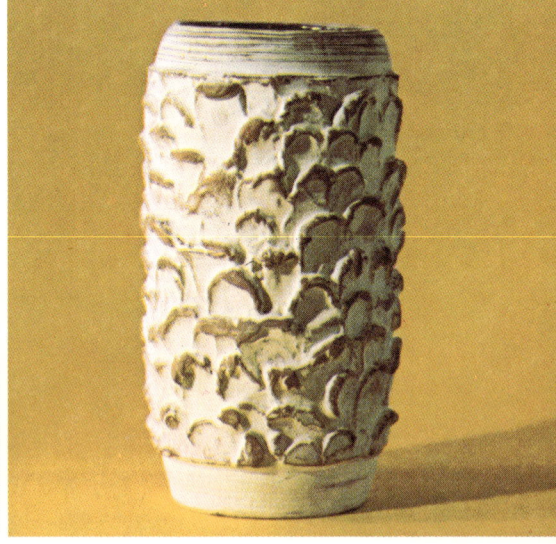

nächsten Wulst über die Schulter nachreichte. Der Mann an der Scheibe muß dabei bald entdeckt haben, daß der Ton auf der sich drehenden Platte unter Wasserbeigabe und Fingerdruck wie von selbst in dünnen Wänden aufstieg. Was lag näher, als ohne Wülste auf der Scheibe zu töpfern. Brauchte man doch nur eine schnelle Scheibe, Wasser und geschickte Hände, um den Ton zu »drehen«. Damit war die Töpferscheibe erfunden. Mit ihr ließen sich erstmalig Gefäße in schneller Folge herstellen. Die folgenden Projekte zum Aufbauen mit Wülsten vermitteln ein ganz anderes Erfahrungserlebnis, als Sie es in der Plattentechnik kennengelernt haben, wobei es besonders auf das Gefühl für die Struktur der Wülste ankommt. Wülste lassen sich jeweils glattstreichen, doch man kann sie auch in ihrer ursprünglichen Form belassen.

Aufgebauter Topf aus geglätteten Wülsten, mit Engobedekor.
Von Frances Simches.

Glattgearbeitete Wülste mit Stempeldekor.
Von S. Elliot Sayles.

Form aus durchbrochenen Wülsten.
Von Rose Krebs.

Wülste, mit dem Modellierwerkzeug behandelt.
Von Ellen King.

Topf von der Drehscheibe,
kombiniert mit Wülsten,
unglasiert.
Von Karen Karnes.

Krug

Als Einführung in die
Wulsttechnik eignet sich der
hier vorgestellte kleine Krug.
Dabei kann man sich mit den
notwendigsten Griffen
vertraut machen. Gebraucht
werden kleine Wülste, die für
den Anfänger auch am
leichtesten zu handhaben
sind. Dieser Krug sollte etwa
eine Höhe von zirka 15 cm
haben. Seine Formgebung
läßt sich leichter durch Rollen
als durch Kneifdruck
erreichen. Für einen solchen
Krug braucht man ca. zwölf
Wülste zu je ungefähr 30 cm.
Es lohnt sich aber, die
doppelte Menge anzufertigen,
damit man gleichzeitig an
zwei Krügen arbeiten kann.
Manchmal passiert es, daß
beim Aufbauen die Wandung
ihren Halt verliert. Dann
muß man das Gefäß stehen
und etwas ansteifen lassen,
ehe man weiterarbeitet. Wie
schon beschrieben, macht
man Wülste, indem man auf
einer leicht angefeuchteten
Tischplatte Tonkugeln
ausrollt, wobei die Hände
von der Mitte nach außen
arbeiten. Vor allem bei
kleinen Wülsten muß die
Tischplatte genügend feucht
sein, sonst trocknen die
Wülste aus und werden
brüchig. Die fertigen Wülste
bedeckt man mit einem
feuchten Tuch. Will man den
Krug als Geschirr oder Vase
verwenden, muß die
Innenseite glasiert werden.
Bei der Außenseite verfährt
man nach Belieben.

Als Boden dient eine Tonplatte etwa von der Größe einer Handfläche. Daraus schneidet man ein Kreisrund, ungefähr 8 cm im Durchmesser und 1 cm dick. Überschüssiger Ton wird entfernt. Nun baut man auf dieser Tellerbasis mit einigen schmalen Wülsten die Wandung auf. Dabei glättet man fortwährend an der Innenseite die Wülste mit einem Modellierwerkzeug. Am oberen Rand müssen die Wülste breiter auslaufen, damit sich eine »Schnauze« bildet. Drei 30 cm lange Wülste werden zu einem Zopf geflochten, dieser wird glattgeklopft und soll als Henkel dienen.

Nun setzt man exakt gegenüber der Schnauze den Henkel an, indem man die Ansätze mit der Wulstwand verstreicht. Der Krug ist fertig, kann trocknen, glasiert und gebrannt werden.

Terrassenvase

Auch ein Gefäß, das von der Drehscheibe kommt, kann man mit Wülsten noch größer machen. Zunächst dreht man einen Topf, so hoch es geht, und setzt dann breite Wülste an. Am besten aber baut man ein solches Gefäß – wie unsere Abbildung zeigt – ganz aus Wülsten auf. Das hier dargestellte Gefäß ist das weitaus größte in unserem Buch, und der Verfasser weiß aus eigener Erfahrung, daß solche Arbeiten, allein der imponierenden Ausmaße wegen, für den Anfänger besonders reizvoll sind. Unser Topf ist jedoch annähernd 1 m groß; deshalb gilt es vorher zu berechnen, welche Größe der zur Verfügung stehende Brennofen zuläßt. Man kann sich zum Aufbauen eines großen Topfes mehrere Tage Zeit lassen. Allerdings muß der Topf, wenn man die Arbeit unterbricht, jeweils mit einer Plastikfolie abgedeckt werden. Dann kann der Boden des Topfes langsam trocknen, während der obere Teil feucht und bearbeitungsfähig bleibt.

Man rollt eine Tonkugel zu einer Bodenfläche von ungefähr 30 cm Durchmesser aus. Diese wird kreisrund zugeschnitten. Man fertigt mit Quetschgriff lange, schlangenförmige Wülste an, etwa 2–3 cm dick. Diese Wülste werden schichtartig um das Bodenrund hochgewunden.

Jeder Wulst muß mit dem vorangehenden durch Fingerdruck sorgfältig verarbeitet werden. Legt man eine Arbeitspause ein, muß man vor dem Neubeginn den oberen Rand gründlich aufrauhen.

Ist die Grundform fertig, schneidet man aus einem Plattenstreifen zwei Henkel, je etwa 6 cm breit, 20 cm lang und anderthalb Zentimeter dick. Die Form der Henkel muß der Grundform angepaßt werden.

Anschließend stellt man einen ca. 3 cm dicken »Kragen« her und klopft ihn mit Lineal oder Brettchen glatt. Ein großes Gefäß wie dieses braucht viel Zeit zum Trocknen, ehe es glasiert und gebrannt werden kann.

Hängelampe

Bei den zwei vorangegangenen Projekten ergab sich die Form sozusagen aus dem Aufbau. Man baute kreisförmig Wülste auf, bis eine Form zustande kam. Bei der hier gezeigten Hängelampe jedoch konnte die Phantasie frei mitwirken. Wie man aus den Abbildungen sieht, lassen sich die Wülste schlangenförmig in- und auseinanderwinden, im Gegensatz zur kreisförmigen Aufbaumethode, und so bildet sich eine Laternenform. Der Verfasser hat mit diesem Entwurf in seinen Unterrichtskursen viel Anklang gefunden, da man diese Methode besonders interessant fand. Trotzdem sollte man sich nicht allzu sklavisch an das abgebildete Modell halten. Die Phantasie muß ihren freien Spielraum haben. Ist man mit dem Ergebnis nicht zufrieden, schlägt man den Ton zusammen und beginnt von neuem. Ton ist nicht teuer, das ist ein großer Vorteil beim Töpfern, und man kann ihn immer wieder aufs neue verwenden. Zum Dekorieren der Lampe eignet sich gut eine erdfarbene Ganzglasur, vor allem wenn man sie draußen aufhängen will. Die Lampe wirkt aber auch im Hausinneren, da ihre durchbrochenen Formen an den Wänden reizvolle Schatten erzeugen.

Man schneidet aus einer Tonplatte einen Kreis von etwa 12 cm Durchmesser und bohrt zwei Löcher in die Mitte. Die Löcher sind für die Schnur der Lichtleitung oder ähnliche Vorrichtungen gedacht. Dann bereitet man mindestens ein Dutzend schmaler, ca. 30 cm langer Wülste vor und deckt diese mit einem feuchten Tuch ab. Nun baut man zunächst mit drei Wülsten auf der Kreisplatte eine Basis auf. Aufrauhen der Anschlußstellen und Festdrücken der Innensäume nicht vergessen.

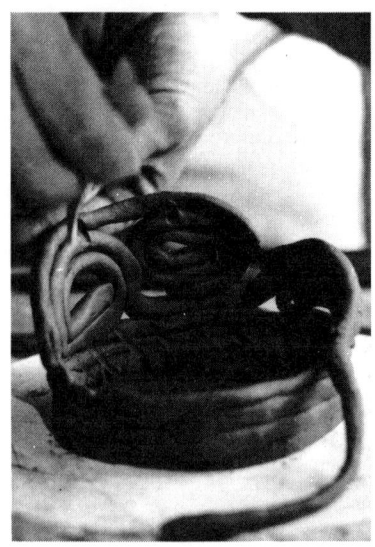

Daraufhin wird die Form mit den übrigen Wülsten auf eine Höhe von etwa 20 cm gebracht. Man kann dabei mit der Führung der Wülste frei experimentieren. Auch hier die Anschlußstellen jeweils aufrauhen. Der Ton sollte nun eine Zeitlang Ruhe haben, bis er steif geworden ist. Später wird das Gefäß auf den Kopf gestellt.

Nun lassen sich noch weitere Wülste obenauf anbringen, bis das ganze Werkstück ca. 7 cm hoch ist. Damit ist die Lampe fertig. Zum Aufhängen muß sie allerdings erst trocknen, glasiert und gebrannt werden.

Projekte in der Preßformtechnik

Einfache Schale
Kacheluntersatz
Ein Satz Becher

Einfache Schale

Will man mehrere gleichartige Stücke anfertigen, benutzt man als einfachste Methode die Preßformtechnik. Die hier gezeigte Schale, als Serienstück aus einer Preßform entstanden, tut glasiert oder unglasiert gleichermaßen ihre Wirkung. Zum Dekorieren sollte man einmal den Pinsel erproben (siehe auch Seiten 118–119). Eine Schale wie diese ist ebenfalls eine gute Ausgangsbasis für größere Gefäße. Man kann sie als Boden für Wülste oder Platten verwenden. Ein Wulstende, zum Stiel verarbeitet und an die Schale geheftet, verwandelt das Stück in eine Pfanne. Wir haben bei diesem Projekt mit einer Gipsform gearbeitet, aber es läßt sich ebensogut eine Preßform aus Ton verwenden. Man muß die Tonform jedoch mit Sackleinen oder irgendeinem Tuch auskleiden, weil sonst der frische Ton anklebt.

Zu Beginn sucht man sich eine passende Schüssel, deren Innenseite mit Vaseline oder Backöl bestrichen wird. Dann gießt man so viel Gips hinein, daß eine Modellform zustande kommt (siehe S. 46 über die Gipszubereitung). Wenn die Gipsform hart ist, kann man sie aus der Schüssel nehmen.

Das Gipsmodell dient, auf den Kopf gestellt, nun als Preßform. Man stülpt eine Tonplatte darüber. Der überschüssige Ton wird weggeschnitten, der Rest geglättet.

Als nächstes folgt der »Fuß« für die Schale.
Man nimmt ein Stück Wulst, macht einen Tonring daraus, klopft ihn zu einer ebenmäßigen Aufsatzfläche glatt, rauht ihn am Ansatz auf und setzt ihn an.
Die so entstandene Schale muß etwa zwanzig Minuten auf der Preßform bleiben, damit sie ein wenig anhärtet.
Sie darf nicht ganz trocken werden, denn der Ton »schwindet« beim Trocknen, und der Druck der Preßform erzeugt Risse.
Später kann man die Schale abnehmen, sie völlig trocknen lassen, glasieren und brennen.

Kacheluntersatz

Eine Preßform läßt sich auf zweierlei Weise herstellen. Entweder höhlt oder schnitzt man eine Gipsplatte aus, oder man baut zunächst eine Tonform auf und versieht sie dann mit einer Lage aus flüssigem Gips. Sobald der Gips hart ist, kann man den Ton davon lösen. Beide Methoden liefern ein »negatives« Muster, d.h., die Vertiefungen, die man schnitzt, erzeugen die Wirkungen eines Hochreliefs. Als Anfänger beginnt man am besten mit einfachen geometrischen Mustern.

Man packt die Hände voll Ton und drückt ihn fest in die Form. Zuerst eine Grundschicht, da die Vertiefungen voll ausgefüllt sein müssen. Dann fügt man noch mehr Ton hinzu, bis die Tonfüllung ein wenig die Preßform überragt. Nun wird mit Lineal oder Brettchen die Fläche glattgestrichen. Der Ton muß etwas zur Ruhe kommen, später kann man ihn vorsichtig aus der Form nehmen. Wenn die Kachel trocken ist, wird sie glasiert und gebrannt.

Ein Satz Becher

Mit dieser Variante der Preßformtechnik läßt sich auf einfache Weise ein ganzer Satz Becher herstellen. Man fertigt zunächst eine zylindrische Preßform an, indem man Gips in einen Papierbecher gießt und hart werden läßt (siehe hierzu Hinweise auf S. 45). Die Gipsform wird mit einer Tonplatte umhüllt und diese Platte zum Becher bearbeitet. Sobald der Becher fertig ist, muß er innen sorgfältig geglättet werden, damit er leicht zu reinigen ist. Man kann die Außenseite glasieren bzw. mit einer Struktur versehen. Plant man eine· Serie von Bechern, so lohnt sich ein durchgehendes Dekorationsmotiv, obschon jeder einzelne Becher zwangsläufig verschieden ausfällt. Dies ist eines der Projekte in unserem Buch, das sich als besonders praktikabel erwiesen hat, und wird häufig nachgearbeitet. Ein Satz Becher eignet sich, wie auch der bereits beschriebene Kachel-untersatz, hervorragend als Geschenk.

Für einen Satz von drei Tassen braucht man eine gipserne Tassenform und drei Streifen Ton, die gut 1 cm dick und etwas breiter als die Größe der Tassenform sind. Man nimmt einen der Streifen, umhüllt die Form damit, drückt ihn zunächst am Saum zusammen und knetet ihn dann rund um den Gipspfropf, so daß eine gleichmäßige Becherform entsteht.

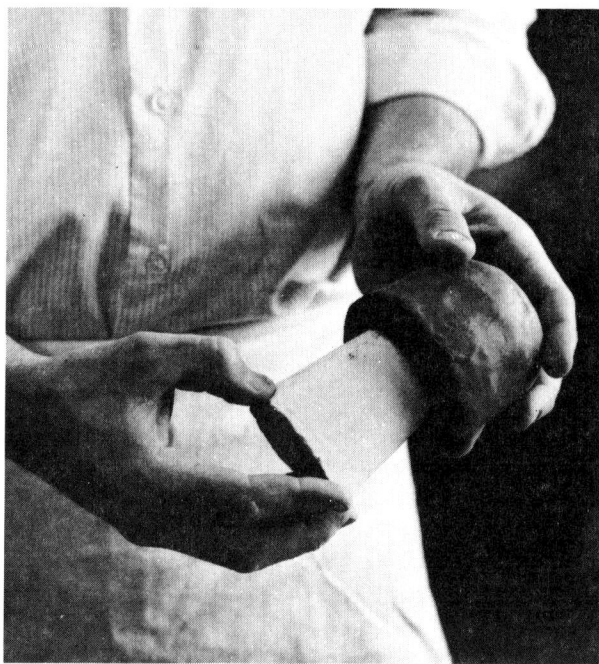
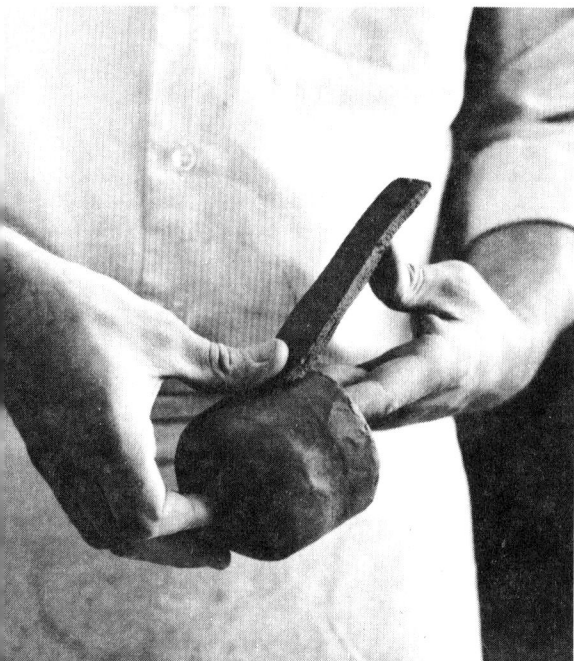
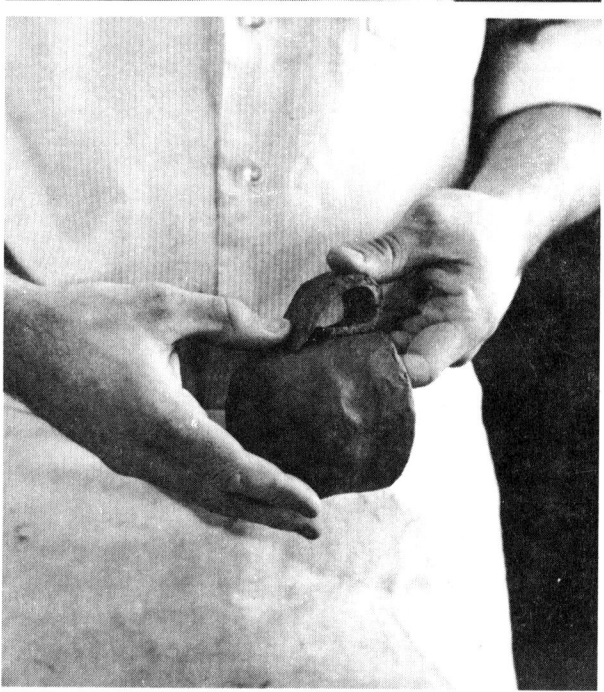

Überschüssiger Ton am
Becherrand wird abgetrennt.
Man zieht den Gipspfropf
heraus und läßt den Ton
ungefähr eine Viertelstunde
trocknen.
Währenddessen beginnt man
mit dem nächsten Becher.
Streifen von 2 × 10 cm
werden zu Henkeln

zurechtgeschnitten. Da der
Ton beim Trocknen und
Brennen »schwindet«, sollte
man grundsätzlich beim
Töpfern die Maße immer
größer berechnen als die
endgültigen des
Fertigproduktes. Beim
Ansetzen des Henkels wird
zuerst das obere Ende, dann

das untere angedrückt. Nun
kann man mit dem
Dekorieren beginnen. – Die
fertigen Becher unserer
Abbildung haben einen
Becherrand, der durch einen
zusätzlich aufgesetzten Wulst
verstärkt wurde.

Kombinierte Techniken

Kerzenständer
Kleine Vase
Teekanne
Ein Gräsergefäß (Sandgußtechnik)

Kombinierte Techniken

Versteht man erst einiges vom Aufbauen, kann man die verschiedenen Techniken auch miteinander vereinigen und damit neuartige Wirkungen erzielen. Wülste lassen sich mit Platten, Platten mit der Preßform, Wülste mit der Preßform, Wülste mit Platten und Preßform kombinieren. Der Kontrast zwischen den Techniken erzeugt reizvolle Abstufungen und belebt die Oberflächen, wie es eine einzelne Technik allein nicht vermag. Späterhin, wenn man auch vom Drehen etwas versteht, kann man Drehtechnik und Aufbauen interessant kombinieren. Die hier abgebildeten Töpfe (rechts) entstanden beispielsweise aus zylindrischen gedrehten Formen, die mit Platten umwickelt wurden; beides wurde anschließend auf die Grundform festgeklopft. Die Gefäße (links) auf der anderen Seite sind aus Platten zurechtgebogen und -gedrückt. Später kamen auf die langen, zylindrischen Formen gedrehte Boden- und Halsstücke. Bei den nun folgenden Projekten handelt es sich um ähnliche Kombinationen. Immer tauchen bei der Arbeit neue Ideen auf. Deshalb lohnt es sich, gleich eine Skizze zu machen, damit nichts in Vergessenheit gerät. Die hier gezeigten Beispiele können nur einen Überblick geben.

Gefäße, teils gedreht und teils aufgebaut.
Von Dennis Parks.

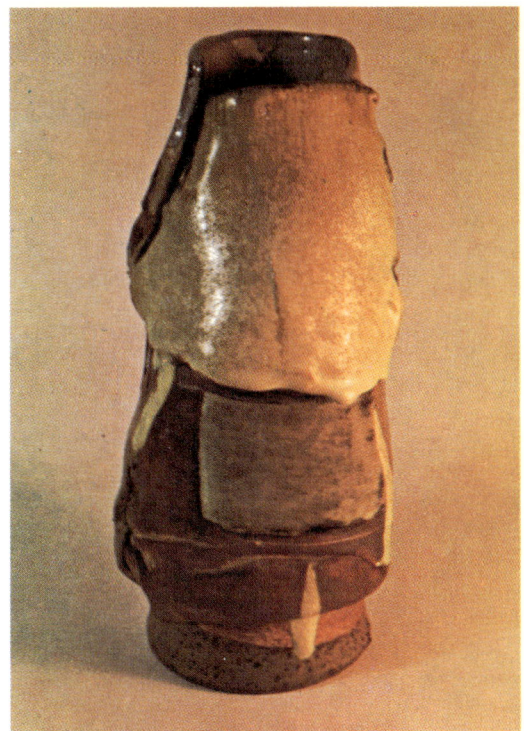

Vase, gedreht und aus Platten
vervollständigt. Von Len Stack.

Zylindrische Gefäße aus Platten, mit
gedrehtem Fuß und Hals. Von John
Mason.

Deckeldose, in Dreh- und
Plattentechnik. Von Bob Arneson.

Kerzenständer

Hier kommen zwei Aufbautechniken (Platten, Wülste) und der Gipsstempel zur Anwendung. Das Ergebnis ist ein bogenförmiger Kerzenhalter. Auch dieser Entwurf läßt sich vielfältig variieren, man sollte dabei der Phantasie freien Lauf lassen. Sobald man ein wenig vom Töpfern versteht, wächst das Selbstvertrauen, und man möchte eigene Ideen verwirklichen. Zum Beispiel kann man eine Grundform »Kerzenständer« entwickeln und die einzelnen Exemplare abwandeln, indem man verschiedene Gipsstempel benutzt und den Sitz der aus Wülsten geformten Kerzennäpfe verändert. Auch die als Ständer dienende Grundplatte braucht nicht immer die gleiche Form zu haben. Sie könnte rechteckig sein oder S-förmig geschwungen. Da dieses Projekt sehr einfach ist, sollte man möglichst viele Versuche machen, ehe man die Stücke glasiert und in den Ofen stellt. Merke: Nicht zu sehr aufs Detail achten, je spontaner, desto besser.

Man braucht eine Platte aus gut zubereitetem Ton, etwa 24 × 12 cm groß, ferner ein paar kleine Wülste und einen Gipsstempel. Außerdem Modellierwerkzeug und Nadel. Auf der Platte wird mit dem Stempel ein Muster angebracht. Entweder läßt man der Platte die Rechteckform, oder man schneidet an den schmaleren Enden eine leichte Kurvung ein. Dann greift man mit dem Finger unter die Plattenmitte und hebt sie an, so daß sie einen Bogen bildet.

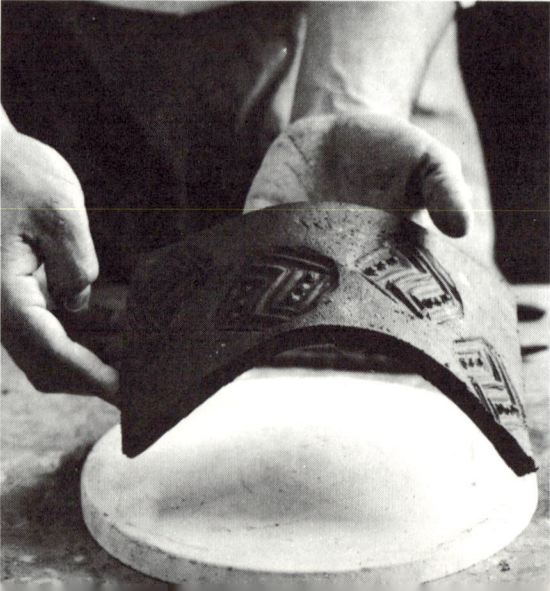

Nun wird ein Wulstende zu
einem Zylinder gewunden:
Eine Kerze muß darin Platz
haben können. (Merke: Der
Ton schwindet beim
Trocknen.) Man kerbt den
Wulstzylinder an der Platte
fest. Entweder glättet man
die Anschlußstelle oder läßt

die Kerbmarken als
Dekoreffekte. Zwei weitere
Kerzennäpfe, in gleicher
Weise angefertigt, werden
nun links und rechts
montiert. Sie müssen dem
Neigungswinkel der Platte
entsprechend unten
angeschnitten werden.

Dann anheften.
Noch ein weiterer
Kerzennapf kommt oben auf
den Halter. Wenn der
Kerzenhalter trocken ist,
kann er glasiert und gebrannt
werden.

Kleine Vase

Diese Vase ist ein Beispiel einer kombinierten Technik aus Platte, Wulst und Gipsstempel zur Herstellung einer zylindrischen Form, die mit Henkeln versehen ist und teilweise glasiert wurde. Es ist ratsam, erst einmal dieses Modell auszuführen und später eine eigene Version zu erfinden. Falls nicht eine hochbrennende Steinzeugmasse verwendet wird, muß die Vase, um wasserdicht zu sein, mindest im Inneren glasiert werden. Auch die Außenseite könnte eine Glasur vertragen. Dabei ist jedoch Vorsicht geboten, denn Aufbau und Struktur sind an sich Dekoration genug.

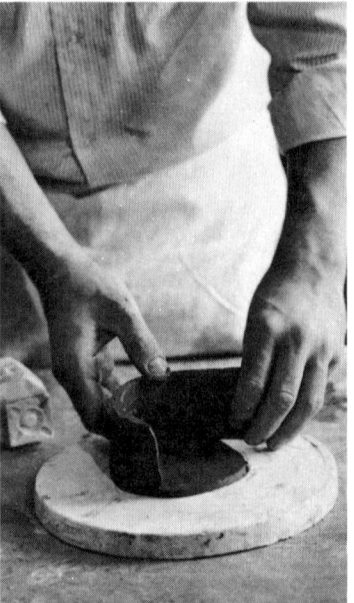

Zunächst werden drei Platten vorbereitet, jede 10 × 20 cm groß. Dann fertigt man sechs 30 cm lange Wülste an. Zur Arbeit braucht man ferner einen Gipsstempel, Lineal oder Brettchen, Modellierwerkzeug und Nadel. Man nimmt eine der Platten und macht mitten darauf in Längsrichtung eine

Reihe von Abdrucken. Aus einer anderen Platte schneidet man ein Kreisrund von 10 cm Durchmesser als Boden für die Vase. Von der dritten Platte wird ein 8 cm langer Streifen abgetrennt und rund um den Boden montiert, innen angekerbt und außen fest angedrückt. Nun zieht man die Wandung

mit zwei bis drei Wulstwindungen höher; wiederum die Anschlußstellen innen fest verfugen.

Jetzt wird die bedruckte Platte zugeschnitten, d. h., man läßt seitwärts vom Abdruck je einen schmalen Rand.

Dann heftet man die Platte auf die vorher montierten Wülste, auch dieses Mal Ankerbung an der Innenseite.

Anschließend nimmt man den restlichen 3 cm langen Streifen und setzt ihn am Innenrand der Dekorplatte an, so daß deren ganze Dicke durch die Wölbung zur Wirkung kommt. Ankerben und festdrücken.

Von den Platten bleiben noch Streifenreste übrig, die man zu Henkeln, je 10 × 2 cm, zuschneiden kann.

Die Henkel werden mit dem oberen Ende zuerst angesetzt.

Gewiß läßt sich die Vase in den Einzelheiten noch verbessern, aber nicht zuviel!

Dann trocknen lassen, glasieren und brennen.

Teekanne

Für diese Teekanne, die dekorativ, aber auch funktionsgerecht sein soll, braucht man Preßform und Plattentechnik. Hierbei beachte man: Will man den Tee mit losen Blättern bereiten, darf man nicht – wie angegeben – für die Tülle ein größeres Loch ausschneiden, sondern muß mehrere kleine Löcher anbringen. Diese Löcher dürfen beim Glasieren nicht verstopft werden. Außerdem ist der Sitz der Tülle wichtig. Die Mündung muß etwa in Höhe des Kannenrandes sein, der Ansatz wiederum nicht zu tief, damit die Kanne möglichst viel Flüssigkeit faßt. Je dünner die Wandung ausfällt, desto besser, denn die Kanne darf nicht zu schwer werden. Nach Möglichkeit verwende man Steinzeugton. Jedenfalls braucht eine Teekanne, aus welchem Ton sie auch sein mag, immer einen gewissen Grad von Wärme – etwa Zimmertemperatur –, ehe man kochendes Wasser auf die Blätter gießen kann. In Spezialgeschäften für Waren aus dem Fernen Osten kann man vielleicht einen Bambushenkel erstehen. Natürlich lassen sich auch andere Henkel konstruieren.

Benötigt werden fünf Tonplatten zu je 25 cm Länge, 15 cm Breite und etwa ½ oder 1 cm Dicke. Ferner eine einfache schüsselartige Preßform, wie auf S. 80, zur Herstellung des Kannenbodens.
Man drückt zunächst eine der Platten auf die Preßform.

Der Überschuß an Ton wird
entfernt und – wie auf S. 80
– ein Fußring angebracht.
Man wartet zwanzig Minuten,
bis der Ton steif wird, und
kann dann die Schale von der
Preßform abheben.
Nun wird zum Aufbau der
Wandung von einer zweiten
Platte ein 12 cm breiter
Streifen zugeschnitten, der
rund um die Schale passen
muß.
Ein weiterer Streifen von
10 cm Breite kommt auf den
zuerst montierten.
Er wird am Innenrand
angesetzt, verkerbt und
verstrichen.

Sobald die Innenseite fertig ist, formt man die Außenseite durch Fingerdruck an.
Daraufhin stellt man aus einem Plattenstück eine zylindrische Röhre her, die als Kannentülle angesetzt wird.

Zuerst kennzeichnet man mit einem Bleistift die Ansatzstelle der Tülle im Umriß. Entweder macht man mit der Nadel innerhalb der Umrißlinien ein paar Löcher, oder man schneidet entsprechend dem inneren Durchmesser der Tülle ein

größeres Loch aus.
Erst dann wird die Tülle angesetzt und an den Säumen verstrichen.
Zwei Streifen zu je 7 × 1 cm dienen als Henkelohren.
Daran befestigt man nach dem Brand den Bambusgriff.

Beim Ansetzen der
Henkelohren zuerst jeweils
das obere Ende.
Für den Teekannendeckel
braucht man eine 12×12 cm
quadratische Platte, ferner
einen Streifen in der Größe
der Henkelohren. Dieser
Streifen wird oben auf dem

Deckel angebracht.
Nun legt man den Deckel auf
die Kanne und biegt die vier
Ecken ein wenig nach unten,
damit der Deckel gut sitzt.
Fällt er zu groß aus, muß
man ihn beschneiden.
Die fertige Teekanne braucht
Zeit zum Trocknen, dann

kann sie glasiert und
gebrannt werden.
Bitte darauf achten, daß
Kanne und Deckel beim
Trocknen und beim Brand
getrennt bleiben.

Ein Gräsergefäß
(Sandgußtechnik)

Die hier dargestellte Gießtechnik macht sehr viel Spaß, denn man kann dabei im Freien und mit Sand arbeiten. Wenn man in Meeresnähe wohnt, hat man den idealen Sandstrand zur Verfügung. Aber jeder andere Bausand tut es auch. Mit dieser Gießtechnik läßt sich ein ansehnlicher, grob strukturierter Gräsertopf herstellen. Die Sandform kann mehrmals benutzt werden, außerdem erhält man auf diese Weise einen Topf von Großformat, der sich nach Machart und Ausdruck von der Platten- und Wulsttechnik unterscheidet. Zunächst modelliert man im nassen Sand die Hälfte einer Topfform. Man stelle sich dabei eine halbierte Topfform vor, in den Maßen etwa von 30–45 cm Höhe. Diese Sandform wird dann mit einer Lage Gips begossen, wodurch man die eigentliche Preßform gewinnt. Sobald diese Gipsform hart ist, kann man in ihr zweimal nacheinander eine Muschel aus Ton einpressen. Die beiden Tonmuscheln bilden je eine Hälfte und ergeben zusammengesetzt den Topf. Mit dieser Methode lassen sich auch Stücke anfertigen, die nicht erst zusammengesetzt werden müssen, wie z. B. Vogeltränken oder große Schalen.

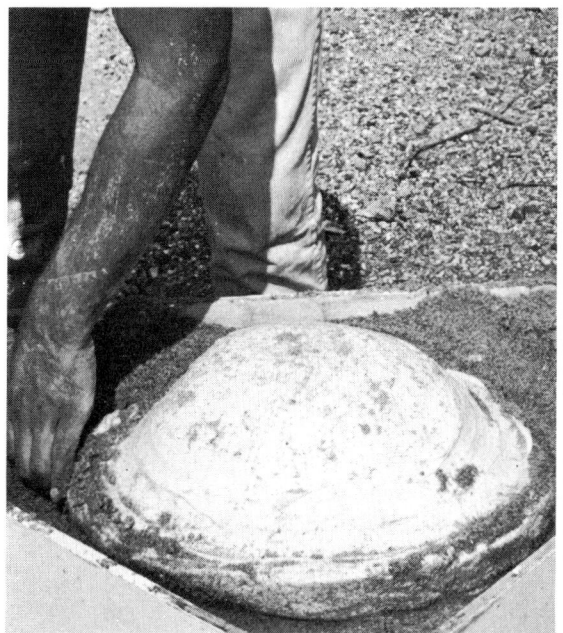

Man baut aus feuchtem Sand eine Form auf und strukturiert mit einem stumpfen Gegenstand die Oberfläche. Der Sand darf nicht trocken werden, sonst bröckelt die Form ab. Am unteren Rand der Form wird der Sand weggeschaufelt, und nun kann man vorsichtig eine dünne Gipsschicht über die Form gießen. Ist diese erste Gipsschicht ein wenig angehärtet, wird eine zweite nachgegossen. Das wiederholt man, bis die Gipsmuschel etwa 8 cm dick ist. Sobald die Gipsform völlig hart ist, nimmt man sie ab und läßt sie ungefähr eine Woche trocknen.

Die völlig ausgetrocknete Gipsform kleidet man mit einer Schicht Ton aus, d. h. mit einer großen Tonplatte. Diese drückt man fest in die unregelmäßigen Vertiefungen. Reicht die Platte nicht aus, muß man Tonflicken zusetzen. Die Muschel aus Ton sollte etwa 1 cm dick sein.

Sandkörner, die an der Tonmuschel haften, wirken strukturbildend. Hat der Ton etwa zwanzig Minuten in der Form gestanden, kann er herausgenommen werden. Nun läßt man ihn steif werden. – Damit erhält man eine Topfhälfte. Für die andere wird der oben beschriebene Vorgang wiederholt. Sind beide Hälften steif genug, rauht man die Kanten auf, bestreicht diese mit Schlicker und preßt die Hälften zusammen. Man muß einige Minuten lang pressen, bis der Schlicker hart wird. Anschließend setzt man aus einem dicken Wulst den »Fuß« für den Topf an. Oben wird ein Loch geschnitten und ein dicker Tonwulst mit Druck als »Kragen« aufgesetzt. Trocknen lassen, dann glasieren und brennen.

Die Drehscheibe

Gedrehte Formen in Variationen

Die Drehscheibe

Wenn Sie etwas geschickt mit Hammer und Säge umgehen können, lassen sich durch einen selbstgebauten Rahmen mehr als die Hälfte der Kosten einsparen. Die Spezialteile wie Töpferscheibe, Schubrad, Achse, Befestigungsteile und Läger beziehen Sie am besten durch eine der hinten aufgeführten Lieferfirmen. Die Abmessungen brauchen natürlich nicht streng eingehalten zu werden, sondern sollten darauf

abgestimmt sein, daß Sie möglichst bequem arbeiten können. Zum Töpfern bringen Sie das Schubrad mit beiden Füßen in Schwung, bis die Töpferscheibe die benötigte Geschwindigkeit erreicht hat. Wichtig ist, während der Arbeit die Geschwindigkeit gleich zu halten. Abgebremst wird ebenfalls mit den Füßen. Da man im landläufigen Sinn unter Töpfern meist das Drehen auf der Drehscheibe versteht, will unser Buch, das sich hauptsächlich mit der Aufbautechnik befaßt, auch hier einige Hinweise geben.

Die Arbeit an der Drehscheibe ist sehr schwierig und, wie eingangs erwähnt, ohne Unterricht nicht zu erlernen. Aber so mühselig die Drehversuche anfangs sind, auf die Dauer verschafft nichts so viel Vergnügen wie das Töpfern an der Drehscheibe. Man fühlt und spürt dabei, wie der Ton als Ballen unter den Händen plötzlich und schnell zu einer vollen Form aufwächst. Schon die Hieroglyphen der alten Ägypter berichten über die Drehscheibe, und obschon sich im Lauf der

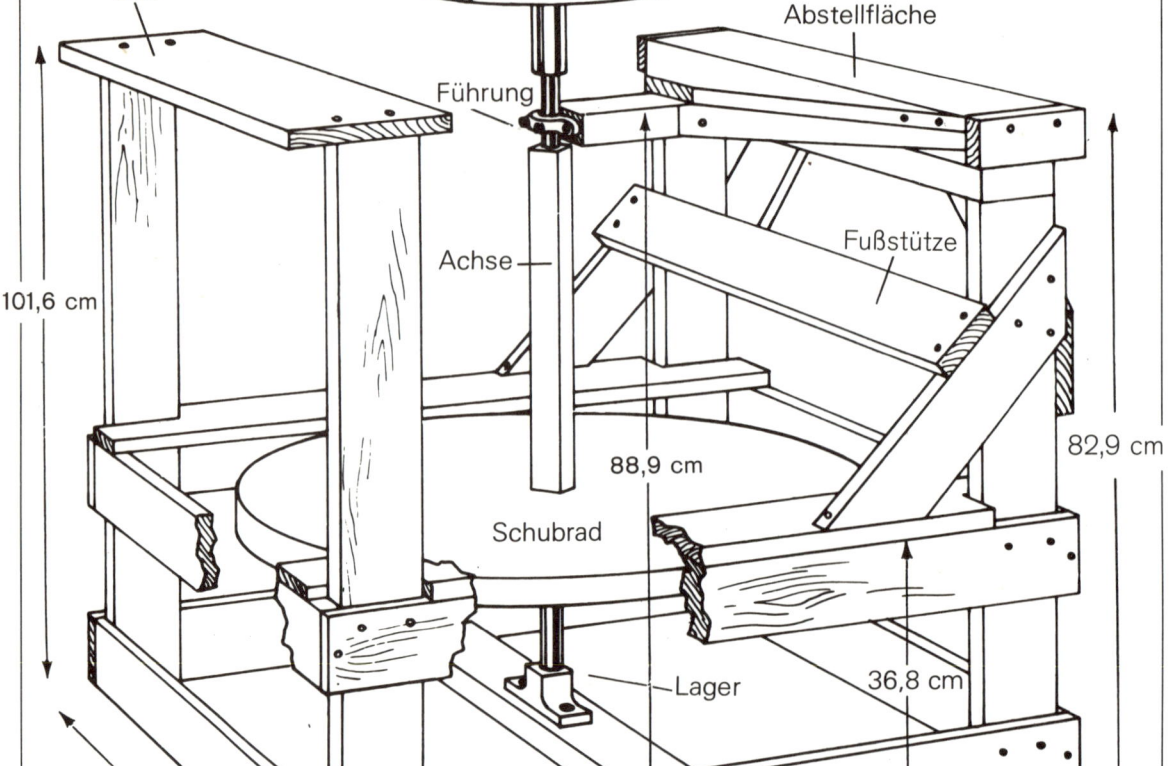

Selbstgebauter Rahmen mit Töpferscheibe.

Jahrtausende viele Typen herausgebildet haben, unterscheiden sie sich kaum von der Urform. Die orientalischen Töpfer benutzen Drehscheiben, die in den Boden eingelassen sind. Der Handwerker hockt davor, während er dreht. Im Westen arbeitet man seit eh und je mit Drehscheiben, die im Sitzen oder Stehen bedient werden. Neuerdings unterscheidet man zwischen Fußdrehscheiben und elektrischen Drehscheiben. Die Fußdrehscheibe lehnt sich an das urtümliche Modell an und erfreut sich großer Beliebtheit, weil die Geschwindigkeit mit dem Fußdruck leicht kontrolliert werden kann. Die elektrischen Drehscheiben sind, vor allem für den Anfänger, nicht so leicht zu handhaben. Zum Lernen empfielt sich unserer Meinung nach eher eine Fußdrehscheibe (siehe nebenstehende Abbildung).

Eine zylindrische Form. Dies ist die Grundform aller Gefäße von der Drehscheibe.

Querschnitt einer zylindrischen Form in den verschiedenen Entwicklungsphasen während des Drehprozesses.

Die hier abgebildeten Keramiken stammen von der Drehscheibe. Auf den folgenden Seiten wird anhand von Fotografien gezeigt, wie eine zylindrische Form auf der Scheibe entsteht. Der wesentliche Unterschied zur Platten- und Wulsttechnik ist die absolut *symmetrische* Form. Dem widerspricht nicht, daß man dem gedrehten Gefäß anschließend mit Absicht eine »schiefe« oder asymmetrische Note geben kann, wie etwa im Beispiel auf S. 107f. Zunächst muß der Ton auf dem Drehteller »zentriert« werden, d.h., er muß genau in den Mittelpunkt des Tellers. Ist er einmal zentriert, bewirkt bei der schnellen Umdrehung jede Fingerbewegung eine gleichmäßige, umlaufende Veränderung der Tonmasse. Ein weiteres Merkmal gedrehter Töpfe ist die Gestaltung des Innenraums. Alle gedrehten Gefäße wollen nicht nur nach der äußeren Form, sondern auch nach der Raumbewältigung beurteilt werden. Das Zusammenspiel zwischen innerer und äußerer Form ist eher charakteristisch für gedrehte Gefäße als für jene Art aufgebauter Keramik, wie unser Buch sie zeigt.

Abb. oben:
Porzellanteller von Sema Charles.

Abb. links:
Flaschen, engobiert mit dem Malbällchen.
Von John Glick.

Abb. rechte Seite rechts:
Schale mit Pinseldekor.
Von Ralph Bacerra.

Abb. rechts:
Vase, zuerst gedreht und anschließend flachgeklopft zur Ovalform.
Von Lena Stack.

Abb. oben:
Steinzeugvase, zum Teil glasiert. Von
Ellen King.

Abb. rechts:
Vase von Bob Arneson. Der zylindrische
Ständer und der Aufsatzteller wurden
getrennt gedreht und später
zusammengesetzt.

Die Drehphasen

Auf den folgenden Seiten wird als Grundform des Drehprozesses die Entstehung eines Zylinders dargestellt. Dabei spielt es keine Rolle, ob es sich nun um eine Flasche, einen Teller oder um eine Schale handelt.

Die zylindrische Form kann sowohl breit und niedrig ausfallen als auch hoch und schmal und ergibt dementsprechend eine Schale oder Flasche.

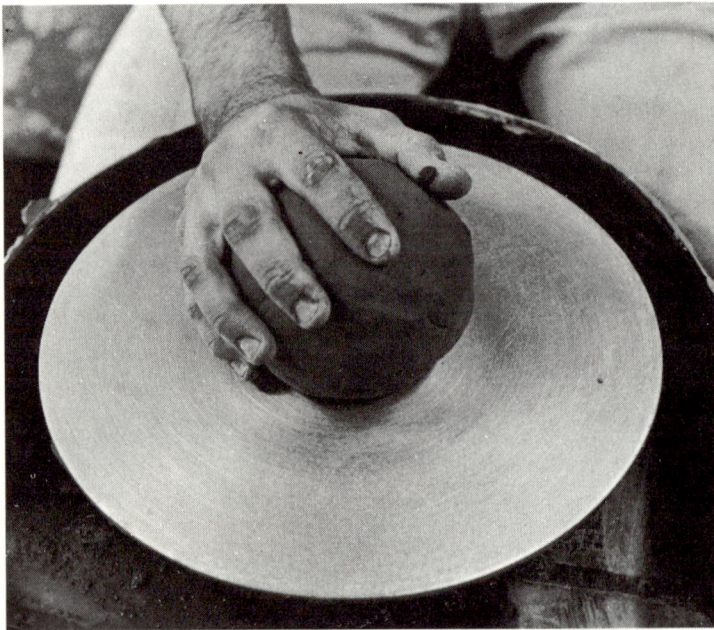

Der Ton muß sorgfältig zubereitet werden. Er darf keine Blasen und Knoten haben, auch sollte er weder zu hart noch zu weich sein. Man setzt die Tonkugel mit Druck auf die Scheibe ab bzw. auf einen angefeuchteten Holzteller, der vorher auf dem Scheibenteller mit Schlicker befestigt wurde. Es soll möglichst genau der Mittelpunkt der Scheibe getroffen werden.

Nun wird die Drehscheibe in Gang gesetzt, und man rückt den Tonkegel mit beiden Händen so lange, bis er exakt »zentriert« ist.

Sobald der Ton zentriert ist, kann man ihn mit dem Daumen »öffnen«.

Bereits ein geringer Fingerdruck reicht aus, daß sich der Ton zu einem Zylinder erhebt. Beim Hochziehen müssen die Hände möglichst zusammenbleiben, damit der Ton nicht außer Kontrolle gerät.

Da zylindrische Formen zentrifugal ausschwingen, soll man sie fortwährend »umhalsen«, d. h. nach innen schließen.

Dadurch wird die Wandung dicker und steigt nach oben. Je mehr Druck nach oben, desto höher der Zylinder und um so dünner die Wandung. Wird der Rand oben schief, kann die Nadel ihn abtrennen und korrigieren.

Ist der Zylinder fertig gedreht, säubert man mit dem Modellierwerkzeug oder Bleistift den Bodenansatz vom überschüssigen Ton. Um den Topf von der Scheibe abheben zu können, zieht man den Schneidedraht, der auf dem Scheibenteller aufliegt, stramm unter dem Topfboden zum Körper hin durch. Hat man einen hölzernen Aufsatzteller benutzt, muß man diesen – mit Messer oder Spachtel – vom Scheibenteller lösen und gemeinsam mit dem Topf abheben. Damit ist vorerst, bis zum Trockenzustand, alle Arbeit am Topf beendet.

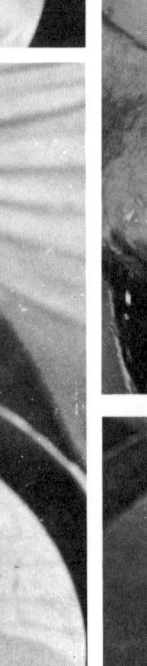

Nach dem Abschneiden
schiebt oder hebt man den
Topf vorsichtig auf ein
Tragebrett bzw. auf einen
Gipsteller und läßt ihn
trocknen.

Gedrehte Formen in Variationen

Das vollkommen symmetrische Gefäß in klassischer Form ist typisch für die moderne Keramik, aber damit sind ihr keine Grenzen gesetzt. Oft nimmt der heutige Töpfer die symmetrische Form nur als Ausgangsbasis für seinen persönlichen Ausdruck. Nebenstehend zeigen wir einige solcher Varianten. Mehrere gedrehte Formen lassen sich miteinander kombinieren. Man kann etwa die Symmetrie einer gedrehten Flaschenform interessant abändern, indem man das Objekt, sobald es vom Drehteller kommt, mit einem Schlagwerkzeug behandelt. Formen lassen sich aufreißen und neu zusammenfügen. Platten kommen hinzu, Aushöhlungen werden angebracht, Wülste verwendet. Die Möglichkeiten nehmen kein Ende. Solche Experimente lohnen sich immer wieder, denn sie führen zu neuartigen, dynamischen Ausdrucksformen.

Kombination einzeln gedrehter Stücke, aus Steinzeug, der obere Teil mit Engobe glasiert.
Größe 50 cm.
Von George Kokis.

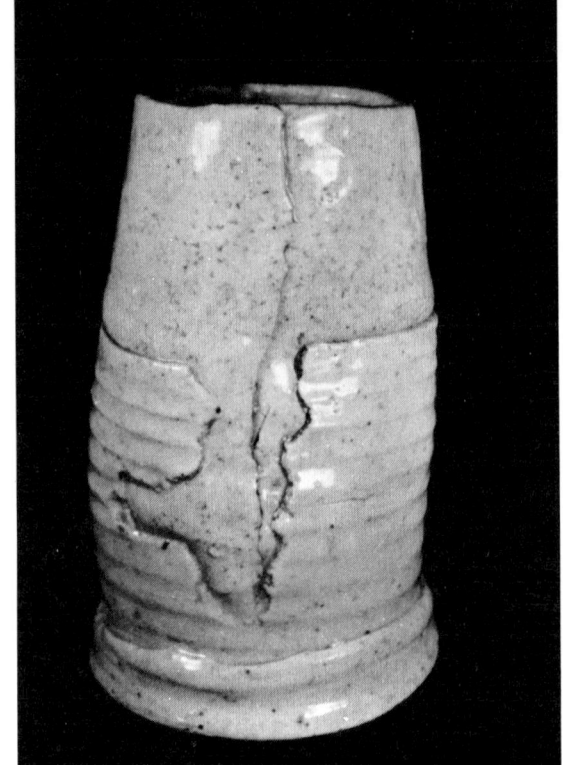

Porzellanvase, gedreht,
anschließend gebrochen, dann
mit Platte dekoriert. Sog.
»tear and repair«-Technik.
Von Howard Kottler.

Gedrehte Vase mit dickem
Schlickerauftrag zur
Strukturbildung.
Von Reese Bullen.

Gedrehte Vase, zwecks
konvexer und konkaver
Effekte umgeformt, mit
Ritz-Technik.
Von Robert Winokur.

Das Glasieren

Das Glasieren

Hier ein kurzer Überblick über die vier Hauptarten des Glasierens. Grundsätzlich achte man darauf, daß der Boden eines Gefäßes immer unglasiert bleibt, damit er beim Brand nicht mit der Stellfläche im Ofen zusammenbackt. Entweder bestreicht man den Gefäßboden vor dem Glasieren mit einer schützenden Wachsschicht, oder man wischt ihn nach dem Glasieren sauber.

Das Tauchen

eines Gefäßes ist mit die einfachste Art zu glasieren. Hierzu braucht man aber eine große Menge Glasur, denn Tauchschale oder Tauchbecken müssen voll gefüllt sein. Bei einer Ein-Farben-Glasur verfährt man folgendermaßen: Soll das Innere des Gefäßes glasiert werden, hält man den Topf etwas schräg, taucht ihn schöpfend ein und dreht ihn dann so geschwind, daß möglichst viel der Innenfläche durch die Glasur berührt wird. Die Glasurschicht darf nicht allzu dick werden. Stellen, die ohne Glasur geblieben sind, tupft man mit einem Pinsel nach. Soll die Außenfläche glasiert werden, hält man den Topf mit dem Gefäßboden nach oben, taucht ihn so ins Becken und zieht ihn wieder heraus. Die im Gefäßinneren eingefangene Luft verhindert das Eindringen der Glasur.

Tauchen.

Begießen.

Spritzen.

Das Begießen

kommt dann zur Anwendung, wenn das Gefäß sehr groß ausfällt oder nur wenig Glasur vorhanden ist. Zum Glasieren der Innenfläche wird zunächst der Topf bis zu einem Drittel mit Glasur gefüllt. Dann wird der Topf drehend geschwenkt und der Überschuß an Glasur herausgeschüttet. Alles muß sehr schnell geschehen, denn die rechte Dicke der rasch absorbierten Glasurschicht ist für die endgültige Wirkung sehr entscheidend. Zuviel Glasur verursacht Risse oder Blasen. Zum Begießen der Außenfläche stellt man den Topf auf zwei Latten über das Tauchbecken und gießt dann die Glasur gleichmäßig rund um die Außenseite.

Das Spritzen

ermöglicht eine ebenmäßige Verteilung der Glasur. Man braucht sich nicht um die Dicke der Glasurschicht zu sorgen, aber man verschwendet oft eine große Menge Material. Spritzen empfiehlt sich hauptsächlich bei großen Töpfen mit unregelmäßiger Oberflächenstruktur, ferner bei Transparenzglasuren und farbigen Glasurmustern. Manchmal läßt sich die Dicke der Glasurschicht schwer abschätzen, dann nimmt man eine Nadel und kratzt zur Probe. Die ideale Glasur hat die Dicke einer Spielkarte. Da manche Glasurstoffe gifthaltig sind, geschieht das Spritzen am besten in einer Box mit Abzugsventil oder im Freien.

Pinseln.

Topf von Sophia und John Fenton.

Das Pinseln

einer Glasur eignet sich vorzüglich für dekorative Details, z.B. für das Auftragen von Glasurstreifen. Man kann aber einen Topf auch ganz mit dem Pinsel glasieren. Dazu verwendet man einen Flachpinsel mit weichen Haaren und trägt jeweils mehrere Schichten übereinander auf. Für jede Glasurschicht wechselt man die Strichrichtung. Das Topfinnere wird zuerst glasiert. Danach stellt man das Gefäß auf den Kopf und bearbeitet die Außenseite; nun braucht man keine Rücksicht auf das Innere zu nehmen. Oxyde und andere Farbträger, mit denen man dekorative Muster auf einer Grundglasur erzielt, lassen sich am besten mit einem Pinsel auftragen. Beim Glasieren mit dem Pinsel ist eine Malscheibe, eine sich drehende Standscheibe, sehr nützlich; auf dieser kann man den Topf dann immer in die gewünschte Lage drehen.

Dose von Ralph Bacerra.

Vase von Hui Ka Kwong.

Ein Gefäß des Autors.

Der Brennofen

Das Brennen
Segerkegel

Das Brennen

Wer keinen eigenen Ofen besitzt, darf sich glücklich schätzen, wenn er in der Nachbarschaft – bei einer Volkshochschule oder in einer Töpferei – gegen geringes Entgelt seine Sachen brennen lassen kann. Plant man aber die Anschaffung eines eigenen kleinen elektrischen Brennofens, der sich an den Haushaltsstrom anschließen läßt, gilt es folgendes zu beachten. Beim Einsetzen des Ofens, d. h. beim Aufstellen der Stücke im Ofen, dürfen die glasierten Sachen einander nicht berühren. Man kann bei offener Ofentür den Ofen vorheizen, dann wird das chemisch gebundene Wasser dem Ton schneller entzogen. Die Mindestbrennzeit für Rohware, d. h. noch nicht gebrannte Ware, beträgt zwei Stunden, für besonders große und schwere Stücke jedoch mehr. Die Temperatur sollte langsam und gleichmäßig gesteigert werden; bei allzu schnellem Temperaturanstieg können die Gefäße sonst platzen. Der Ofen braucht zum Abkühlen ungefähr das Doppelte der Brennzeit. Die Tür darf erst bei 200 Grad auf einen Spalt geöffnet werden, ausbauen sollte man den Ofen jedoch frühestens bei 150 Grad. Die Brennzeit für Irdenware beträgt annähernd acht Stunden, Steinzeug benötigt ungefähr zehn Stunden. Beim Kauf eines kleinen elektrischen Ofens ist darauf zu achten, daß der Stromverbrauch den örtlichen und häuslichen Bedingungen angepaßt bleibt. Im übrigen gelten auch hier die Sicherheitsbestimmungen für Hochspannungsanlagen.

Achten Sie beim Kauf eines Brennofens auf technischen Service und die Bedingungen für Ersatzteillieferungen.

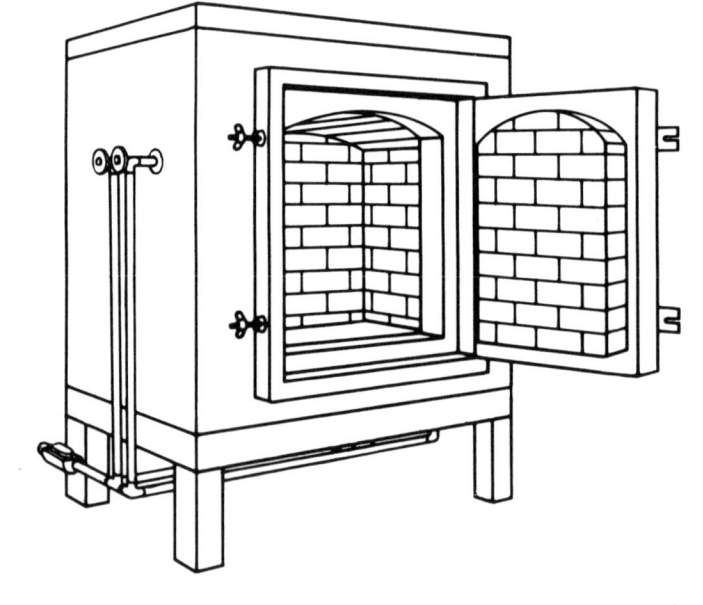

Segerkegel

Mit den Segerkegeln kontrolliert man, falls der Ofen keinen automatischen Pyrometer besitzt, die für den Brand vorgesehene Temperatur. Die Kegel werden in leicht angewinkelter Stellung und in ein Stück Ton gebettet derart im Ofen plaziert, daß sie bei Glühhitze durch das Guckloch in der Ofentür beobachtet werden können. Mit Streichholz oder Taschenlampe kann man ausprobieren, ob die Kegel sich in gleicher Höhe wie das Guckloch befinden. Ist die gewünschte Temperatur erreicht, muß der Kegel schmelzen und umsinken: das Zeichen zum Abschalten des Ofens.

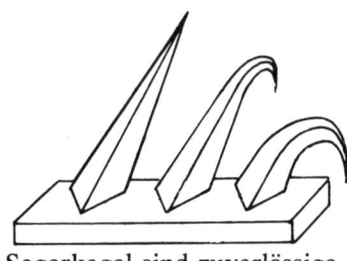

Segerkegel sind zuverlässige Temperaturanzeiger für den Brennprozeß.

Tabelle für Segerkegel

Nr.	Grad Cels.
022	600
021	650
020	670
019	690
018	710
017	730
016	750
015	790
014	815
013	835
012	855
011	880
010	900
09	920
08	940
07	960
06	980
05	1000
04	1020
03	1040
02	1060
01	1080
1	1100
2	1120
3	1140
4	1160
5	1180
6	1200
7	1230
8	1250
9	1280
10	1300
11	1320
12	1350
13	1380
14	1410
15	1430
16	1460
17	1480

Wichtige Stadien des Brennprozesses

Bei ca. 500 Grad C ist das chemisch gebundene Wasser aus dem Ton geschwunden. Von 500–700 Grad findet der Umwandlungsprozeß von Tonmasse zu Scherben statt. Von 700–900 Grad verbrennen alle organischen Bestandteile.

Erforderliche Brenntemperaturen

	Segerkegel
Lüster- und Überglasuren	022–010
Schrühbrand (Fuß- bodenkacheln)	012
Verglasung (Dichtbrennen)	
Roter Ton	04–4
SchwarzbraunerTon	8–10
Porzellan	10–20

Das
Dekorieren

Das Dekorieren

Wenn bisher vom Dekorieren die Rede war, betraf es den Ton in seinem plastischen Zustand. Die nun folgenden Ratschläge gelten dem Gefäß, wenn es entweder »lederhart« geworden oder aber völlig getrocknet ist, und dem Gefäß, das bereits den Schrühbrand hinter sich hat.

Die Wachsabdeckung
läßt sich wirkungsvoll im trockenen Zustand des Gefäßes oder nach dem Schrühbrand anwenden. Man malt mit einer dünnen Wachslösung ein Muster auf. Wenn anschließend das Gefäß glasiert wird, haftet die Glasur an den mit Wachs behandelten Stellen nicht an, so daß sich innerhalb der Glasur ein Muster abhebt. Auch auf der Glasur selbst läßt sich Wachs verwenden, falls man später noch eine zweite Glasurschicht aufträgt. Man erhitzt das Wachs auf dem Küchenherd und kann es gebrauchsfertig benutzen. Im Handel erhältliche, wasserlösliche Wachspräparate sind vielleicht praktischer, aber keineswegs besser als normales Paraffin.

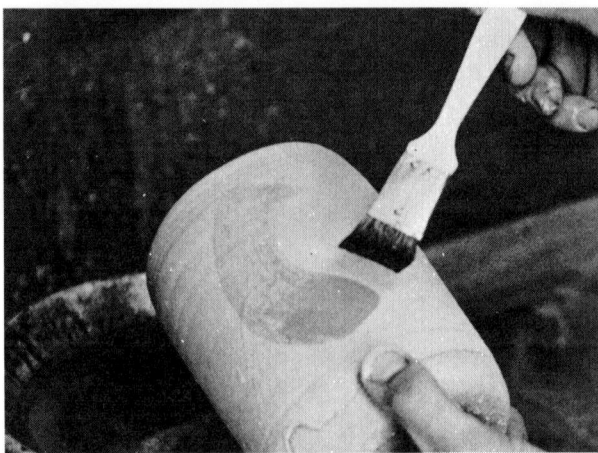

Wachsabdeckung.

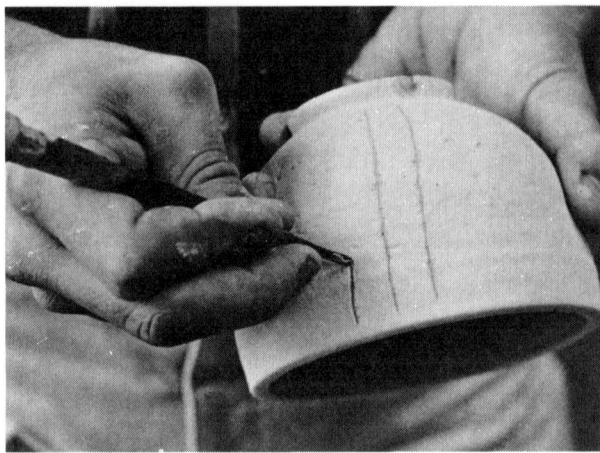

Sgraffito.

Die Sgraffito-Technik

eignet sich für lederharte und geschrühte Tonware. Man kann z. B. im oben beschriebenen Wachsdekor mit einem Sgraffitowerkzeug scharfe, lineare Designs anbringen. Am häufigsten verwendet man Sgraffito in der frisch aufgetragenen, noch etwas feuchten Glasur; dadurch tritt der Tonkörper oder eine schon vorhandene Erstglasur an die Oberfläche. Ist die Glasur reichlich trocken oder zu dick ausgefallen, verursacht Sgraffito eckige Abblätterungen und Unregelmäßigkeiten. Diese Technik ist nur sinnvoll, wenn sie scharfe und reine Linien erzielt.

Der Flecken-Dekor

ist am besten auf trockenem Ton anzubringen. Soll die Topfoberfläche stellenweise rustikal »verbrannt« erscheinen, kann man zu dieser Technik greifen. Dazu werden zwei Eßlöffel Oxyd, etwa rotes Eisenoxyd, mit der gleichen Menge einer hoch- oder niedrig-brennenden Glasur und einer halben Tasse Wasser gemischt. Mit diesem Gemenge bemalt man die gewünschte Stelle und wischt sie dann mit einem feuchten Schwamm ab. Durch den Brand werden die vorspringenden Stellen im Tonkörper heller und die tiefer liegenden dunkler erscheinen.

Teegeschirr von Paul Mason.

Detail einer Schale von Paul Bellardo.

Das Malbällchen

ist eine häufig angewandte Dekorationsmethode. Es ist ein Gummibällchen, mit Engobe oder Schlicker gefüllt, und man führt es über den lederharten Ton, als ob man eine Torte verziert. Der Ton darf nicht zu trocken sein, weil sonst die Engobe beim Trocknen abblättert. Hat man kein Gummibällchen zur Hand, genügt auch – wie die Abbildung zeigt – eine Senfdose aus Plastik. Man kann der Engobe nach Wunsch auch Farbträger hinzugeben.

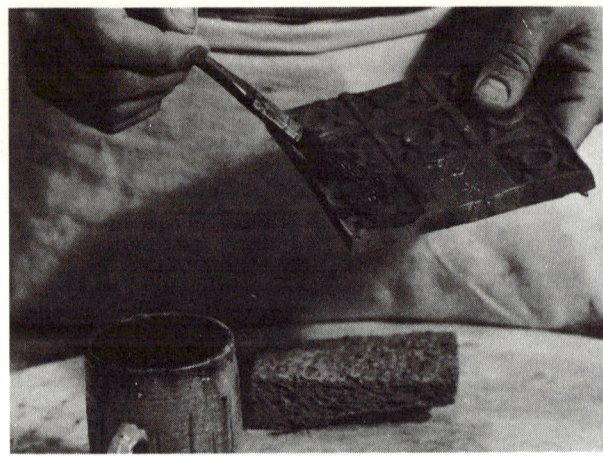

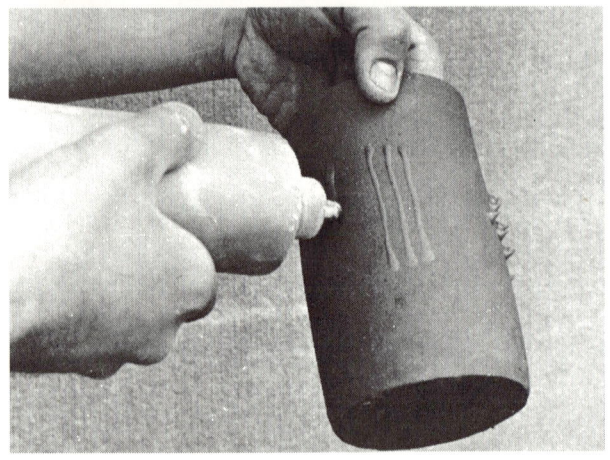

Abb. oben rechts: Bemalen.
Abb. rechts: Engobieren.

Abb. unten:
Schale von John Glick.

Abb. unten rechts:
Vase (Ausschnitt).
Von Anthony Prieto.

Raku

Raku

Von den Japanern wurde eine Art des Töpferns entwickelt, die sich Raku nennt und ihren Namen von dem großen Teezeremonienmeister Sen-no-Rikyu herleitet. Obschon das Wort Raku soviel wie Freude, Vergnügen, Zufriedenheit und Gelassenheit bedeutet, ist das Raku-Töpfern ein sehr dramatischer und keineswegs bequemer Vorgang. Man macht einen Topf aus einem feuerfesten groben Ton und setzt ihn dann dem Schrühbrand aus. (Man kann das zeitraubende Schrühen dadurch abkürzen, daß man das frisch getöpferte und noch feuchte Gefäß sofort dem rotglühenden Feuer übergibt, nur darf der Topf nicht erst trocknen, da er sonst platzt.) Will man jedoch niedrigbrennende Glasuren auf Blei-, Fritten- oder Boraxbasis anbringen,

Frühe japanische Raku-Schale. Brooklyn Museum.

Der Raku-Brand

Man nimmt mit langer Zange den rotglühenden Topf aus dem Ofen.

Zudecken und etwa zehn Minuten warten.

Rauchbildendes Material.

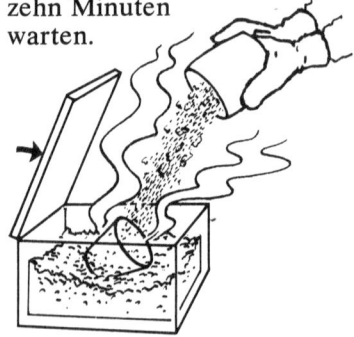

Feinabgestufte, matte Farbwirkung wie bei Reduktionsbrand.

In kaltes Wasser tauchen.

Helle, glänzende Farben wie bei Oxydationsbrand.

muß der Topf zunächst sorgfältig trocknen. Der Brennofen wird auf eine Temperatur zwischen 800 und 1100 °C gebracht und der Topf mit einer langen Zange in die Glut gesetzt. Dort bleibt er, bis die Glasur schmilzt, was entweder nur wenige Minuten dauert oder auch eine ganze Stunde, je nach der Brenntemperatur und der Art der Glasur. Man muß ständig durchs Guckloch den Brennprozeß kontrollieren. Sobald der Topf glänzend und feucht aussieht, nimmt man ihn mit der Zange aus dem Ofen. Nun bieten sich zwei Möglichkeiten. Entweder taucht man den Topf zum Abkühlen sofort in kaltes Wasser, oder man wirft ihn zuerst in einen geräumigen Behälter mit brennbarem Material – Sägespänen, Blättern oder Holzspänen – und anschließend zum Abkühlen ins Wasser.

Raku-Töpfe, gedreht und mit Engobe dekoriert. Die grauen Stellen bilden sich nach dem Brand, wenn die Töpfe dem Rauch ausgesetzt werden.
Von Paul Soldner.

Raku-Vase, Dreh- und
Plattentechnik, Größe
25 cm.
Das Rauhe der Glasur ist
typisch für den Raku-Brand.
Hergestellt vom Autor.

Wo lernt man töpfern?

Neben den Kursen an Volkshochschulen und Ferienkursen, die in erster Linie für den Hobbytöpfer gedacht sind, bieten die Technikerschulen, Fachhochschulen, staatlichen Fachschulen und dergleichen eine fundierte Berufsausbildung. Hier nennen wir eine Reihe von keramischen *Ausbildungsstätten*, deren Anschriften uns freundlicherweise der *Beratungs- und Arbeitsstab Keramik* (BAK) Frechen zur Verfügung gestellt hat.

Technikerschulen

Staatl. Fachschule für Keramotechnik
5410 Höhr-Grenzhausen,
Rheinstraße 56

Staatl. Fachschule für Porzellan
Johann-Friedrich-Böttger-Institut
Techniker-Abteilung
8672 Selb,
Weißenbacher Straße 60

Fachhochschulen

Fachhochschule Essen
Fachbereich Verfahrenstechnik
Fachrichtung Keramik
4300 Essen, Schützenbahn 70

Fachhochschule des Landes Rheinland-Pfalz –
Abteilung Koblenz
Fachrichtung Keramik
5410 Höhr-Grenzhausen,
Rheinstraße 56

Fachhochschule Nürnberg
Fachbereich Nichtmetallisch-anorganische Werkstoffe
(Glas, Keramik, Bindemittel)
8500 Nürnberg,
Keßlerstraße 40

Höhere Abteilung für Silikattechnik
am Technolog. Gewerbemuseum Wien
A 1090 Wien IX,
Severingasse 9

Keramik-Klassen

Staatliche Akademie der Bildenden Künste
7000 Stuttgart-N.,
Am Wiesenhof 1

Staatliche Hochschule für Bildende Künste
2000 Hamburg 22,
Lerchenfeld 2

Hochschule für Bildende Künste Kassel
3500 Kassel,
Menzelstraße 13–15

Staatliche Hochschule für Bildende Künste Berlin
1000 Berlin 12,
Hardenbergstraße 33

Akademie der Bildenden Künste
8000 München 13,
Akademiestraße 2

Bezugsquellen

Viele Artikel finden Sie in größeren Hobbyläden und in den Fachgeschäften für Mal- und Zeichenbedarf (Künstlerbedarf), die es in allen Großstädten gibt. Was dort nicht vorrätig ist, kann meist besorgt werden. Für Rohmaterialien wie Gips, Schamotte usw. wenden Sie sich an Baubedarfsfirmen, und vieles, was Sie brauchen, finden Sie auch in jeder Drogerie, wie zum Beispiel Pinsel, Schwämme, Fensterleder, Wachs, Modellgips, Plastikeimer usw. Ihren Ton bekommen Sie in kleineren Mengen wahrscheinlich ebenfalls in Hobbyläden oder, wie schon erwähnt, in Ziegeleien, einheimischen Tongruben und Töpferwerkstätten. Hobbyläden und Werkstätten nehmen unter Umständen auch Ihre fertigen Arbeiten zum Brennen an. Das müßten Sie allerdings im Einzelfall erfragen. Möchten Sie darüber hinaus in größerem Umfang einkaufen, wenden Sie sich an nachstehende Firmen:

Sämtlicher keramischer Bedarf

(Glasuren, Engoben, Oxide, keramische Farben, Tone, Ofeneinrichtungen, Schamotteplatten, Ofen-stützen, Brennhilfsmittel, Brennöfen, Brennkegel, Pyrometer, Drehscheiben, Werkbänke, Werkraum-einrichtungen)

Gerstäcker Verlag KG
Obere Hardt 27
5208 Eitorf/Sieg

Fa. »Industria«,
Hans Tüxen KG
Postfach 47
2367 Wahlsted

Fa. Carl Jäger
Postfach 45
5410 Höhr-Grenzhausen

Keramik Stefan Kahlen
Töpfereibedarf
Bergdriesch 2a
5100 Aachen

Keramikladen
Jürgen Pfannschmidt
Herrenberger Str. 11/2
7400 Tübingen

Scandiaofen
Vertriebsgesellschaft mbH
Alte Forststr. 35
5000 Köln 91

Horst Uhlig GmbH + Co KG
Postfach 88
5401 Emmelshausen

Fa. Heinz Welte
Postfach 3222
5030 Hürth-Hermülheim

WEMA GMBH
Feuerweg 6a
8500 Nürnberg 18

Fa. Hans Wolbring
Postfach 20
5411 Hillenscheid b. Koblenz

Pigmente und Farbmittel

Dipl. Chem. Georg Kremer
Hechinger Str. 27
7407 Rottenburg a. N.

Glasuren, Engoben, Oxide, keramische Farben

Fa. Heinrich Fey KG
Chemisch-keramische Fabrik
5210 Troisdorf-Spich

Farben Jenisch
Großer Hirschgraben 15
6000 Frankfurt 1

E. Seegel & Co.
Lohmühlenstr. 1
2000 Hamburg 1

Brennöfen

EPAM Hobby-Geräte
GmbH & Co KG
Schillingstr. 27 1/2
4600 Dortmund 1

NABER Industrieofenbau
Bahnhofstr. 20
2804 Lilienthal/Bremen

Fa.
Pharos-Feuerstätten GmbH
Friesenweg 3
2000 Hamburg 50

Englische China Clays und Ball Clays

Fa. Bassermann & Grohmann
Postfach 3729
4000 Düsseldorf

Fa. Podmore & Sons Ltd.
Shelton
Stoke-on-Trent ST1 14PQ
England

Für die Schweiz: Sämtlicher keramischer Bedarf

Petra AV
Silbergasse 4
CH-2501 Biel

Wichtige weiterführende Töpferbücher aus dem Hörnemann Verlag:

Bernard Leach
Das Töpferbuch
372 Seiten
mit 48 einfarbigen
und 4 vierfarbigen Tafeln
Leinen mit Schutzumschlag
5. Auflage

Henry Trevor
**Töpferkurs
in Wort und Bild**
144 Seiten
mit vielen Fotos
Pappband
3. Auflage

Tony Birks
Der Studio-Töpfer
208 Seiten
mit 8 Farbtafeln,
166 schwarzweißen Fotos
und 26 Zeichnungen
Leinen mit Schutzumschlag
2. Auflage

Murray Fieldhouse
**Kleines Handbuch
der Töpferei**
215 Seiten
mit vielen Illustrationen
Pappband
3. Auflage

Christopher Tyler
Richard Hirsch
Modernes Raku
176 Seiten
mit 24 farbigen
und 173 schwarzweißen
Abbildungen
Pappband

Carol Hogben (Hrsg.)
**Bernard Leach
und seine Kunst**
192 Seiten
mit 32 Farbtafeln,
80 schwarzweißen Abbildungen und 32 Zeichnungen
Leinen mit Schutzumschlag
Großformat

Audrey Blackman
**Figuren aus Ton
in Rolltechnik**
96 Seiten
mit 4 Farbtafeln
und 57 schwarzweißen
Abbildungen
Pappband

Herbert H. Sanders
Töpfern in Japan
In Zusammenarbeit
mit Kenkichi Tomimoto
256 Seiten
mit 42 Farbtafeln,
213 Schwarzweiß-Fotos
und 13 Zeichnungen
Leinen mit Schutzumschlag
Großformat

José Llorens Artigas
José Corredor-Matheos
Spanische Volkskeramik
235 Seiten
mit 36 Farbtafeln
und 194 Schwarzweiß-
abbildungen
Leinen mit Schutzumschlag
Großformat